グリーフケア入門

悲嘆のさなかにある人を支える

高木慶子［編著］
上智大学グリーフケア研究所［制作協力］

勁草書房

はじめに

髙木慶子

「人類の歴史は生と死の歴史」でもある。「命ある」ものには必ず「死」が訪れる。また、多くの場合には自己の死を迎える前に、家族を看取る。その愛する家族や親しい人を喪失した後、体験する複雑な情緒的状態を「グリーフ（悲嘆）」と呼ぶが、いずれ多くの人々は悲嘆者となる。

二〇一一年三月一一日の東日本大震災は、この事実を改めて私たちに突きつけるものであった。愛する人を亡くしグリーフに陥ることは正常な反応である。しかし、世界、または日本の社会の現状を見るとき、人命に関する様々な出来事、特に戦争、民族間の争い、災害、事故、事件、自死などで、無念な最期をとげる人々が多くいる。このような最期をとげられた方の遺族のグリーフは深刻な状況となる可能性がある。どのような死別であっても、遺族にとっては辛く複雑なグリーフ状態となることには変わりはないが、今、特に「グリーフ」について人々の関心が高くなっている。

かつて、日本社会は大家族で生活が営まれ、地域社会でも濃厚な人間関係があった。その中で、グリーフは癒されていた。しかし、現代日本の社会は核家族化が進行し、地域社会の人間関係も希薄なものとなってきている。そのような状況から悲嘆者はよりいっそう孤独となり、意識的に第三者からのケアを受ける必要が生じるようになってきた。近年特に、意識的に「グリーフケアを受けたい」と望む人々を受け入れるシステムの必要が出てきている。そうした状況を鑑み、「グリーフケアを専門的に研究」し、また「グリーフケアの実践を遂行」できる専門的な知識・援助技術を備えた人材を養成することを目的として、二〇〇九年にはグリーフケア研究所が設立された。

ここでグリーフケア研究所の概要を簡単に紹介する。グリーフケア研究所は、日本で初めてグリーフケアを専門とした教育研究機関として、二〇〇九年四月にJR西日本あんしん社会財団（JR西日本財団）の寄付協力を得て、聖トマス大学（兵庫県尼崎市）に設立された。これは、西日本旅客鉄道株式会社およびJR西日本あんしん社会財団が、福知山線列車事故を踏まえた、社会に役立つ取り組みの一環として、事故の遺族の方々をはじめとした悲嘆者に対するグリーフケアを実践するため、公開講座「『悲嘆』について学ぶ」および、グリーフケア・スピリチュアルケアの実践を遂行できる専門的な知識・援助技術を備えた人材を育成する人材養成講座に対して、進められたものである。二〇一〇年四月からは上智大学に移管され、上智大学グリーフケア研究所として現在に至る。

グリーフケア研究所では、①グリーフケアに関する研究、②公開講座「『悲嘆』について学ぶ」の開催（二〇〇七年一〇月より半期ごとに第九期まで開催し、二〇一二年二月で終了した）、③人材養成講座の開催、④グリーフケアの実践とその支援を行っている。人材養成講座では、「基礎コース」「ボランティア養成コース」「専門コース」の三つのコースをステップアップ方式で開催し、地域社会の中で寄る辺を失った悲嘆者を支える市民ボランティアおよび、医療、保険、福祉などのヘルスケアチームの一員として他職種と共同してグリーフケアを提供する専門的知識・援助技術を備えたグリーフケア提供者の育成を行っている。

本書は、グリーフケア研究所の研究員を中心に、これまでの実践や研究活動を踏まえて、グリーフケアの理論と実践をまとめたグリーフケアの入門書である。本書の構成は次の通りである。

本書の全体は、第Ⅰ部「実践編」、第Ⅱ部「理論編」、第Ⅲ部「人材養成編」からなる。それに先立ち、序章「グリーフケアとは」では、グリーフケアの基本的な内容や考え方を紹介する。なぜ今、グリーフケアが求められているのか、悲嘆とは何か、どのようにして悲嘆者を支えることができるのかについて、平易な言葉で論じている。

第Ⅰ部は、様々なグリーフケアの実践を紹介する。第1章「災害時のグリーフケア」は、東日本大震災以降、グリーフケアの中でも特に注目を集めている分野であろう。著者である高木は、阪神・淡路大震災およびJR福知山線脱線事故の遺族ケアに携わってきた。その経験を踏まえて、災害時のグリーフケアについて論じている。第2章「遺族会とグリーフケア」は、同じく高木の二五年にわたる遺族会開催の経験を基に、まとめられている。地域社会の持っていた癒しの機能が機能しなくなっている現在において、遺族会でのわかちあいは、悲嘆者を支える場として大きな意味を持ってきている。第3章「日本社会の伝統的なグリーフケア」はグリーフケア研究所客員所員であり、僧侶でもある大河内大博による論考である。日本においては、葬儀や法事といった葬送儀礼が遺族の悲嘆を支えるグリーフケアの役割を伝統的に担ってきた。近年では葬式仏教と揶揄され、葬送儀礼の形骸化が言われる一方で、僧侶による新たな試みもある。著者自身、病院でスピリチュアルケア専門職としてケアにあたったり、NPO法人を立ち上げたりして地域の悲嘆者に寄り添ってきた。

第Ⅱ部では、以上のような実践を支える理論を紹介する。第4章「グリーフケアの基盤としてのスピリチュアルケア」は、元グリーフケア研究所主任研究員であり、スピリチュアルケア専門職として病院などで活躍してきた小西達也による論考である。著者は、スピリチュアルケアを「(喪失を含む)スピリチュアル・クライシス(人生の危機/主体的生の危機)時の主体的生のサポート」と定義し、その理論と実践を述べる。第5章「心理臨床学と悲嘆」はグリーフケア研究所正所員である横山恭子による。S・フロイトから現代に至るまでの心理臨床における悲嘆に関する理論をまとめている。第6章「グリーフケア研究の動向」はグリーフケア研究所プロジェクトRAの森俊樹による。グリーフケアに関する欧米の研究を中心に、特に近年の動向についてまとめ、心理臨床以外の分野についても触れている。実践にあたって、基礎研究で得られた知見というものは、非常に多くの示唆を与えるものである。

第Ⅲ部はグリーフケア提供者の人材養成について論じる。第7章「グリーフケア提供者を目指すもの」はグリーフケア研究所嘱託講師の山本佳世子が、グリーフケア研究所受講生に対して行ったアンケートおよびインタビュー調査の結果をまとめたものである。どのような経験をもったものが、どのような動機でグリーフケア提供者となることを目指すのかを論じている。グリーフケアの人材養成は始まったばかりであり、今後、研究の蓄積が待たれるが、本論考はその基礎的知見を提供するものである。

なお、用語の使い方について、therapy の訳語を「療法」とするものと「セラピー」とするものがある（例えば「悲嘆セラピー」「複雑性悲嘆療法」「認知悲嘆療法」など）。また、grief については執筆者によって「悲嘆」とするものと「グリーフ」とするものがある（例えば「悲嘆カウンセリング」「グリーフ・カウンセリング」など）。ご了承いただきたい。

本書は、すでに病院や遺族会などでグリーフケアを実践している方、今後実践を考えている方、グリーフケアについて多少なりとも詳しく知りたいと考える一般の方々の参考となるハンドブックとして、またこの分野の学問的発展の礎を提供する教科書となることを考えている。読者にとって、本書が、悲嘆者を支えるための指南書の一つとなることを願っている。それによって、この社会が、少しでも悲嘆者に優しい社会にかかわっていけることに貢献できればこれ以上にない幸いである。

グリーフケア入門

悲嘆のさなかにある人を支える

目　次

目次

第Ⅲ部　人材養成編

序章　グリーフケアとは

山本佳世子

1　なぜ今、「グリーフケア」か

大切な人を亡くした時、愛するその人がもうこの世にいないということ、今まで当たり前だと思っていた世界が当たり前ではないことを突き付けられ、どうしようもない感情に襲われ、あるいは孤独に陥り、大きな悲嘆を味わう。二〇一一年三月一一日に発生した東日本大震災は、千年に一度とも言われる規模で私たちを突如襲った。特に津波は、多くの家屋を飲み込むと同時に極めて甚大な人的被害をもたらした。一人の死によって、何人もの人が遺族となる。喪失を経験する人の数は、亡くなられた方の数の数倍に達する。しかも今回の震災では、本人にとって大切な様々なものを同時に一気に奪うものであり、被災者の喪失感の大きさは計り知れない。

　こうした大きな喪失に伴う反応を「悲嘆（グリーフ）」という。「悲嘆」とは、人が大切な人や大切なものを喪失したときに体験する、複雑な心理的・身体的・社会的反応であり、それは対人関係や当人の生き方にも強い影響を与えることがある。家族や親しい人を亡くせば、誰もが悲嘆を体験するものであり、これは正常な反応、ごく自然な人間の感性でもある。

　そのような悲嘆のさなかにある人を支え、癒すことを「グリーフケア（悲嘆ケア）」と呼ぶ。近年、グリーフケアへの関心が急速に高まっている。映画「殯《もがり》の森」（二〇〇七年、河瀬直美監督、第六〇回カンヌ国際映画祭グランプリ受賞）や「おくりびと」（二〇〇八年、滝田洋二郎監督、第八一回アカデミー賞外国語映画賞受賞）は記憶に新しい。また、今回の震災は、人間社会にとってのグリーフケアの必要性を改めて、鋭く突きつけるものである。

　ここで、「キサーゴータミーの譬喩《ひゆ》」（『グッダカニカーヤ』「長老尼の譬喩」第二二章）という原始仏典のある説話を紹介したい。息子を突然亡くした母親が、悲嘆のあまり半狂乱になって「私の子どもを生き返らせて」と叫んでいたら、釈迦が「死人の出たことのない家から、芥子粒をもらってきたら、お前の子どもを生き返らせることができる」という。そこで、その母親は一軒一軒、村中の家を訪ね歩くが、死人を出したことのない家は見つからない。それどころか、親や兄弟や配偶者などを亡くし、小さな子供を亡くしたばかりで泣きはらした顔で出てくる家もある。母親は、子を亡くす悲しみが決して自分だけではない事に気づき、その死を受け入れるようになる、という話である。

この説話にもあるように、命ある者はだれでも、必ず死を迎える。古来より、人は愛する人の死を嘆き悲しみ、きちんとそれを受け止めてきた。それがなぜ今、グリーフケアということが言われるようになったのであろうか。

それには①日常における「死」と向き合う場の欠如と、②悲嘆者を「癒す場」の欠如があると考える。

その原因として「死の医療化」とそれに伴う「死生観の空洞化」が指摘されている（竹之内、二〇〇九）。日本人の乳幼児死亡率は格段に低くなり、逆に平均余命は格段に長くなり、人はなかなか死ななくなった。医療技術の進歩や、国民皆保険制度によって誰でも病院で必要な医療を受けることができるようになったことが大きいだろう。その結果、病院死亡率がきわめて高くなった。一九七八年に病院死と在宅死の数が逆転し、現在では八割以上の人が病院で亡くなる。病院死があたりまえになることで、死は各人の生の課題ではなく、医療技術的な問題となったのである。

この「死の医療化」は「死の非日常化」をもたらした。人が在宅で亡くなっていたころの日本は、大家族が多く、三世代、あるいは四世代が同居していた。また、近所には「向こう三軒両隣」と言われる付き合いがあり、地域社会があった。子どものころから、曾祖父母や祖父母、近所の親しい人たちが病気になり、徐々に弱っていき、そして看取るという過程を皆で経験していった。死ぬとはどういうことなのかを学び、死別の悲しみも共有できた。その中で、自身の死生を見つめ、思索を深める機会があった。

それが、核家族化が進む中で、団塊の世代以下の日本人にとって、親や配偶者、あるいは自身の死がはじめて経験する身近な死となることも多い。死生観を育む機会が失われてしまっている。その結果、死に対し、死生観という土台を欠いた感情的な反応しかできなくなってしまうのである。大切な人を失ったとき、文字通り「どうしたらいいのかわからない」という状態になってしまう。

そして、悲嘆にくれてどうしたらいいかわからなくなってしまっている人を癒す場もなくなってしまっている。かつては、若い夫婦が子を亡くせば、おじいちゃんやおばあちゃんが「私もこういう経験があってね……」と声をかけ、一緒に涙を流しながら話ができた。家族にいろいろな関係があったがゆえに、そこで話ができた。ところが核家族が増え、親子だけの関係になると、あまりにも近すぎて、家族の誰かが亡くなった際に「家族では絶対にそれについて話さない」ようになる。私が泣いたら主人が困るだろう、僕が落ち込んだら家内が苦しむだろう、と心配し、お互いに話せないのである。大家族であったら、いろいろな関係があり、誰かと話もできたように思う。また、地域社会には世話好きなおじさんやおばさんがたくさんいた。誰かが亡くなったら、その配偶者、あるいは親、あるいは子どもに「ちょっとお茶でも飲んでいかないか」と声をかけ、話す機会を作っていたのである。

また、お通夜、告別式、その後の法要などの葬送儀礼も、悲嘆のさなかにある人を癒す場であった。お通夜、告別式、初七日、四十九日の法要、初盆、一周忌、三回忌と故人に関係のある人が集まり、悲嘆の深い人がいたら話を聞き、皆で故人の思い出話をする。それは、こんなにも多くの方が故人のことを思っている、忘れていないということがわかり、同じように辛い思いをしている人がいることに気づく場となり、それが癒しの場となっていた。

ところが今では、家族は少なく、地域社会は崩壊し、葬送儀礼は形骸化してしまっている。周りの人たちも死生観が空洞化した中で生きているため、悲嘆者に言葉をかけることができない。そうすると、おのずと孤独になり、ますます孤立してしまい、その結果、病気になったり、うつ病になったり、最悪の場合、自死にまでいたってしまうのである。

悲嘆者を癒す場が欠如していることを端的にあらわすこととして、本書の編者（髙木）が所長を務めるグリーフケア研究所が主催する公開講座「『悲嘆』について学ぶ」の盛況が挙げられる。二〇〇七年一〇月より、毎週金曜日に全一五回の公開講座を開いてきて、二〇一一年一〇月で第九期となる。その講座に、定員三〇〇名のところに毎期、一〇〇〇人を越える応募があるのである。そして、「この講座で話を聞いて、はじめて癒された」という声を多くの受講者からいただいている。主催者としては、非常に嬉しい言葉ではあるが、講座で語られるのはその方個人に対する話でなく、不特定多数を対象にした話である。数百人を対象にした講座でしか癒されない状況というのは、「異常」とすら言えるのではないだろうか。それほどまでに、悲嘆者を癒す場がなくなってしまっているのである。

本書は、このような問題意識から、グリーフケアについての様々な方法論・アプローチを紹介するものであるが、本章ではまず、悲嘆およびグリーフケアについての基本的な考え方を紹介する。

2　悲嘆とは何か

(1) 人生における悲嘆の誘因となる喪失体験

悲嘆は様々な喪失体験から生じ、それは人（家族や友人）に限らず、その人にとって大切なものすべてに及ぶ。悲嘆の誘因となる喪失体験として、次のものが挙げられる。

大切な人の喪失：死別、離別（離婚、失恋、失踪、裏切りなど）

最大の喪失体験は、家族との死別であるが、大切な人やものをなくすという経験を、人は人生の各段階の中で何度も経験している。若い人であっても、失恋の経験は一度はあろう。それがその人にとっての喪失体験の原型であり、土台となったりする。

所有物の喪失：財産、仕事、ペット、思い出など

うつ病をはじめとした精神疾患が増えているが、うつ病は自死の大きな原因となっている。そのうつ病の原因として、リストラ（仕事の喪失）や多重債務（財産の喪失）などがある。つまり、こうした種々の喪失は大きな悲嘆を及ぼし、時に自死まで引き起こしてしまうことがあるのである。ま

た、ペットの喪失も大きな悲嘆を引き起こすものであり、最近では「ペットロス」という言葉も定着してきた。

環境の喪失：転居、転勤、転校など

それまで慣れ親しんできた土地から、転勤などによってまったく知らない土地へ引越し、転校することもある。子どもにとっても、仲の良い友人と別れ、遊びなれた土地を離れることは大きな悲しみである。

役割の喪失：子どもの自立（親役割の喪失）、退職（会社での役割の喪失）など

子どもが独り立ちすることは喜ばしいことであると同時に、にもかかわらず、親は大きな喪失を味わうことがある。定年退職によって、働いてお金を稼ぐことで家族を支えるという役割を喪失することもある。

自尊心の喪失：名誉、名声、プライド、プライバシーが保たれないことなど

人から蔑まれたり、悪口を言われたりすることはプライド、自尊心が傷つく。学校や職場での「いじめ」も大きな喪失体験である。

身体の喪失：病気、怪我、子宮・乳房・頭髪などの喪失、老化現象など
　年をとれば体力を失い、病気や怪我は結果として身体の一部——子宮や乳房、視覚や聴覚など——を失うことにもなる。

社会生活の安心・安全の喪失
　大きな事故や事件は、「この社会は安全である」という感覚を揺るがす。今回の東日本大震災後の福島原発の事故は、人々の「安心・安全」を喪失させたと言えるであろう。

(2) 悲嘆反応

　このように、我々の人生には実に様々な喪失があり、人生とはまさに悲嘆の連続である。その悲嘆は様々な精神的・身体的・社会的反応を引き起こす。その悲嘆の過程について、これまで多くの段階モデルが示されてきた。それらは一二段階（デーケン、一九八六）、あるいは七段階（平山、一九九七）、五段階（キュブラー＝ロス、一九九八）などがあるが、分類の仕方は研究者によって異なる。大まかに、悲嘆から日常生活を取り戻すまで、以下のような過程をたどることが多くある（井藤、二〇〇九）。

ショック期

大切な人が亡くなった直後の段階。現実を信じられない気持ち、情緒的に麻痺した感覚にとらわれる。ショックが激しい場合、茫然自失となり、身体が全く動かなくなってしまうこともある。

故人への思いに強くとらわれる時期（喪失期）

喪失を現実に受け止めるようになり、故人への想いに強くとらわれるようになる。深い悲しみ、怒り、怨み、自責の念、後悔、罪悪感、孤独感、出口の見えないトンネルの中にいるような不安と絶望感など、強い感情が現れる。また、喪失の受け止めがなされた後も、そのために従来の自分の価値観や生活が意味を失い、後追い願望が現れたり、抑うつ状態や無気力状態に陥ったりする。常にそれらの感情が複雑に絡み合いながら、ひと時として静まることなく、遺族を苦しめる。また、家族の中での故人との関係と立場の違い（たとえば、父親、母親、兄弟姉妹、子どもなど）からくる苦悩や苦痛の違いもあり、家族内での複雑な葛藤もある。

回復期

喪失を乗り越えて、新たな自分、新たな社会関係を築いていく時期。悲しみの感情が出現しても喪失期のような強さを伴わず、それらの症状で身動きが取れなくなるようなことも徐々になくなる。故人の記憶が薄れていく、あるいは喪失感が消えるというよりも、むしろ故人との新たな関係性が見出され、次第に快い懐かしさと優しさの気持ちで故人が思い出されるようになる。

とはいえ、喪失や悲嘆のありかたは個人差が大きく、すべてが順を追って現れるわけではない。個々の悲嘆の状況に応じて、繰り返し現れたり、まったく現れないこともある。単一の「正しい」ものがあるわけではなく、理論モデルにとらわれすぎないことが大切である。また、起きられない、あるいは眠れないといった睡眠障害、食欲の減退、アルコール依存や薬物依存、体力低下、風邪、生活習慣病の顕在化、心身症など、身体的症状が現れることも多い。

悲嘆と向き合うことは、自分自身と向き合うことでもある。悲嘆の過程を「喪の作業」と言うこともあるが、それは各人の生育歴を読み直す作業ともなる。喪の作業は、結局は自分自身でその過程を経験するしかなく、他の人が代わることはできない非常に孤独な道のりでもある。自分だけが別世界にいるように感じるかもしれない。何か悪いことをしたわけでもないのに、家族を亡くしただけで、誰とも会いたくないと苦悩することもあるかもしれない。

悲嘆のさなかにあると、故人への思いに強くとらわれる。たとえば故人の生前に思いを巡らし、「あの人はどのような思いで日々を過ごしたのか」と思いめぐらす。それは時に「私はあの人のことを十分に理解できていなかった」「あの人と十分に思いを共有できなかった。お別れをしなかった」という思いを引き起こす。

臨終の場面を思い浮かべては「どのような思いと状態で死を迎えたのか。身体的な痛み、心情は……」と考える。あるいは亡くなった今、どこで何をしているのかと想う。愛する人とともにいたくても、五感で捉える事のできないことの寂しさ、悲しみから湧き出てくる思いがある。

愛する人の死を受け入れることは、非常につらく深い悲嘆を伴う経験である。その悲嘆のさなかにあって、多くの人は通常の生活さえ困難になる。五感では触れることのできなくなった故人を追い求め、模索する日々が続くのである。その模索は非常にエネルギーを消耗する作業であり、故人との新しい関係を見出すまで、それは続く。それは「愛する人探し」であり、心の中での「その人の居場所探し」でもある。これがまさに「死の現実を受け入れる」ことであり、その結果、故人は決して戻ってこないこと、故人となったあの人と生前に生活したあの生活は二度と経験できないことを理解し、遺されたものとしての生活に慣れることの必要性を実感するのである。

そして、「愛する人探し」の模索の中で、愛する人を亡くした結果から生じた変化に向き合い、新たな自分自身の生活指針を見出すことに意識が向かい始めるのである。その過程は、故人の死の意味を探求する中で、「死別体験の悲嘆から見出すことのできたよいこと」、例えば新たな様々な出会い、愛する人を亡くしたがゆえに見出したことなどである。それらから、新たな生活の立て直しにめどがつき、人生の目的の修正、そしてアイデンティティの確立や人間関係の再構築がなされてゆく。

愛する人を亡くしたその時点までと、その後の人生観や価値観は大きく変わることとなろう。愛する人を亡くした後の生活は、それ以前の生活には戻れないことを確認することによって、新たな自己を見出し、再出発が始まる。これは、「喪の作業」を通してしか、できないことである。世界が新たな目で見えてくるようになり、愛する人がいないために、美しく楽しいものではなくとも、新鮮なものとなるかもしれない。また、自身の経験を活かして何かの役に立ちたいと考える人も多い。例えば、自身の苦しみや苦悩の経験を活かして、悲嘆者に寄り添いたいとか、誰もが苦しい人生を生きていることに気付き、心優しい人になりたいと望むようになる。

（3）複雑性悲嘆

悲嘆反応は、喪失に伴って現れる正常な反応だが、通常の悲嘆反応より症状が複雑になったり、長期化・慢性化するような場合、「複雑性悲嘆」と呼び、注意する必要がある。「複雑性悲嘆」には次のようなものがある（坂口、二〇一〇）。

①増幅された悲嘆：「嘆き悲しむ」などの反応の程度が通常よりも甚だしく大きい。
②慢性悲嘆：悲嘆反応が長期に持続する。
③抑圧された悲嘆：死別直後には悲嘆反応が現れず、何らかのきっかけで強い悲嘆反応を示す。
④仮面悲嘆：抑圧された悲嘆が、身体疾患・身体症状として表現される。

突然の死別や、事故死、自死、複数の死、幼い子どもとの死別、公認されない悲嘆（不倫相手との死別、同性愛の恋人との死別、中絶・死産など[1]などでは、複雑性悲嘆に陥りやすいと言われている。複雑性悲嘆に陥っている場合、専門家（精神科医や心療内科医、臨床心理士など）の介入が必要な場合がある。特に次のような場合は、早急に専門家につなげる必要がある（日本ＤＭＯＲＴ研究会、二〇一一）。

①うつ病に陥っていると思われる場合（診断は喪失後一ヵ月以上たってから）
②自殺願望が強くなっていたり、自傷他害の怖れがある場合
③アルコール依存などの問題が生じている場合

3　悲嘆者を支える

(1) どのように接するか

悲嘆者を支える基本は、その方の今の状態を丸ごと受け入れることである。自己治癒力を信じ、聴き手に徹し、共感と傾聴が求められる。教科書に書いてあるような理論モデルをそのままたどる人はいない。一人ひとり、まったく違った過程をたどる。ただし、悲しむことそれ自体は誰にだって起こる、あたりまえの事象である。「こうしたらいい、ああしたらいい」と指示するのではなく、ひたすら身体全体で、とにかく丸ごとありのままに受け入れ、お話しを傾聴し、寄り添うのである。

否定しないで全面的に聴くということは、実はその方の存在そのものをそのままに認めることでもある。

悲嘆者に接する際に、その人のためを思ってのことであっても、かえって傷つけてしまうこともある。以下に気をつけたい点を挙げる。

ケアを押し付けない、無理に聞き出さない

必ずしもすべての人が他者のケアを必要としているわけでもないし、話を聞いてほしいと思っているわけではない。話をしたくないと言われたときには、「話をしたくない」というその人をそのまま受け入れ、その意思を尊重することが重要である。

思い出したくないことを思い出させ、語らせることは、かえって傷口を大きくしてしまうことがある。相手が話したいと思ったときに、話したい内容だけをしっかりと聞くことが大切である。

価値観を押し付けない

私たちは、無意識のうちに自らの価値観に基づいて、相手の話を解釈し、評価してしまう。たとえば、「〜すべきだ」あるいは「〜したほうがいい」と評価的な態度を取ってしまうことがある。しかし、「わかっているけどできない」ときもある。あるいは「私はそうではない」と思うかもしれない。悲嘆者からは、ときに理不尽な怒りや強い罪責感が表出されることがある。しかし、それ

は「そう思わないと自分自身が耐えられない」ために出てくる想いであったりする。そうした想いを訂正したり否定するのではなく、今その人はそういう状態なのだと受け止め、そのまま聴く姿勢が求められる。

また、何年も悲嘆にある人に対して、「いつまでも悲しんでばかりではいけない」と声をかけることがある。しかし悲嘆の長さは一人ひとり違う。実は、話を聞いている人自身が、悲嘆のさなかにある人に接するのが辛いから、早く立ち直ってほしいと思うから、その言葉を口にしてしまっていることがある。相手のためではなく、自分のために言ってはいないか、注意が必要である。

悲しみ比べをしない

たとえば、子どもとの死別は配偶者との死別より悲しいなどとし、「あなたはまだましだ」と言ってしまう。高齢で亡くなった際に「大往生でよかった」と声かけしてしまう。しかし、悲嘆は人それぞれである。どのような関係であっても、その人にとって愛する人の死は、大きな悲嘆をもたらす。たとえ高齢であっても、何十年も連れ添い、日常の一部となっていた存在がいなくなることの喪失感は計り知れない。

アドバイスをしない

「どうしたらいい？」とアドバイスを求められるような場合でも、実は答えを求めているわけではなく、話を聞いてほしいだけのこともある。話を聞いてもらうことで、本当はどうしたいと思っているのか、自分で考えを整理し、答えを見出していけることが望ましい。

「がんばろう」などの励ましの言葉を言わない

十分にがんばってがんばって、これ以上がんばれないという時に「がんばって」という言葉は、「こんなにがんばっているのに、まだがんばり足りないのか、これ以上どうがんばればいいのか」という思いを相手に抱かせることがある。他者の悲嘆を思いやることと、自身の気持ちを押し付けることは異なる。「がんばる」という言葉は当事者のみが使ってよい言葉である。

相手を理解しているかのような発言を安易にしない

同じような経験をしているとき、「お気持ちは分かります」という言葉をかけることがある。しかし、非常につらい経験をしているとき、「このつらさが簡単に人にわかってたまるか」という思いを持っていることがある。実際、喪失体験は一つひとつ異なり、悲嘆の仕方は一人ひとり違うものである。本当に他者の気持ちや考えを一〇〇％理解することは不可能である。私たちにできることは、相手と自分が違うことを理解し、だからこそ、最大限にその人の気持ちを理解しようと努め、傾聴するよう努めること、とにかくその人をそのまま受け入れることである。

気休めを言わない

「あなたなら大丈夫」「時間が解決してくれる」といった言葉も相手を傷つけることがある。苦しい状況においては、そのような言葉は気休めにしかならならず、かえって「わかってくれない」と不信感を抱かせることになりかねない。

悲嘆者が周囲に期待した事柄、してほしかったこととして、「とにかくそっとしてほしかった」「話を聴いてほしかった」「思い切り泣かせてほしかった」というものがある（高木、二〇〇七）。身近な人が悲嘆に陥っているとき、私たち自身、どうしたらいいかわからなくなることがある。腫れ物に触るような態度を取ってしまったり、逆に無理な励ましをしてしまったりする。悲嘆のさなかにある人は、とても敏感にそうした状況を感じ取り、話がしたくてもできなくなってしまい、泣きたくても泣けなくなってしまう。

見ないふり、知らないふりをするのではなく、その人の悲しみを気遣い、そばにおり、受け止めることが大切である。

4　おわりに

グリーフケアには、具体的には様々な形態がある。従来の悲嘆者を支える形（自然発生的なグリーフケア）には、先述したように、葬送儀礼などの宗教的儀礼・儀式によるケアや、家族・友人・コミュニティの支えによるケアがあった。しかしそうした形でのグリーフケアが機能不全に陥っている現在において、それらに代わる、悲嘆者を支える形（意図的なグリーフケア）が求められている。たとえば新しい儀礼・儀式の（再）構築や、新しいコミュニティとしての遺族会が考えられる。さらに、それに加えて専門家による一対一での面接によるケアもなされるようになってきている。

以上、グリーフケアの基本について述べてきた。次章以降、グリーフケアの様々な実践について、およびその背景にある理論についての論考が続く。悲嘆およびグリーフケアに関するより詳しい理解につながることと思う。

注

（1）「公認されない悲嘆」とは、その人が悲嘆のさなかにあることを周囲に認められないような悲嘆をさす。①関係が認められていない（不倫相手、同性愛者、婚約者、友人など）、②喪失を受け止めてもらえない（流産、死産、中絶など）、③悲嘆者が認められていない（遺族が知的障害者、発達障害者、精神疾患者、故人が超高齢者の遺族、幼い子どもなど）、④死に方がしかるべきものでない（自死、加害者、死刑者など）、⑤悲嘆の仕方が異なる（異文化など）がある（Doka, 2002）。

第Ⅰ部　実践編

第1章　災害時のグリーフケア
——阪神・淡路大震災、JR福知山線事故を経験して

髙木慶子・山本佳世子

1　はじめに

二〇一一年三月一一日、東日本を襲った大地震と津波。それによる福島原子力発電所の事故は、日本だけでなく、全世界の人々を震撼させた。そこには想像を超えた惨事と悲嘆の光景があった。特に大量死の光景は、かつて『方丈記』で描かれ、古来より日本人の精神風土として作り上げられてきた「天然の無常」や、仏教でいう「末法」、キリスト教でいう「終末」の思想を想起させるに十分なものがあった。

日本の国土は地震を発生させるプレートの上に位置づけられ、いくつもの活断層がある。このよ

うな日本の風土の中にあって、このたびの大災害は、恐怖と不安の極に我々を置くことになった。一六年前に起こった阪神・淡路大震災以降、「心のケア」「ボランティア」の言葉は日本人の合言葉となり、災害が起こるたびにこの言葉は人々の口と行動に表れる。しかし「心のケア」とは何を、どのようにケアすることなのか、その意味を私たちは知っているであろうか。特に、大災害後に必要な「心のケア」は、災害による多重的な喪失体験をした後に残る、複雑な悲嘆をケアすることである。つまり、その「悲嘆の状態」にある人々のケアをすることが「心のケア」であるが、それは具体的には「グリーフケア」に他ならない。

このたびの大震災では、想像さえできないほどの重複する悲嘆体験をした人々が多くあった。家族一人を亡くすだけでも、深く強い悲嘆に陥るものである。災害後の悲嘆は、本人にとって大切なものすべてを一瞬にして失い、明日を生きる希望さえも失わせてしまうほどの喪失体験に基づいている。

筆者（高木）は、一九九五年の阪神・淡路大震災に被災し、その後の被災者のケアに携わってきた。さらに、二〇〇五年のＪＲ福知山線脱線事故の際には、事故現場のすぐそばの大学で教鞭をとっており、その後、ご遺族およびＪＲ西日本社員の両者のケアに当たることとなった。さらに、このたびの東日本大震災でもたびたび被災地に赴き、被災者の方々に関わらせていただいている。本章では、これらの災害・事故での経験を基に、災害時のグリーフケアについて論じる。

2　災害時の悲嘆

（1）災害とは

災害とは、辞書には「地震・台風・洪水・津波・噴火・干ばつ・大火災・伝染病などによって引き起こされる不時のわざわい。また、それによる被害」（『大辞林』三省堂）、「破壊的または悲惨な出来事、突発的また重大な不幸や災難、または惨事」（『オックスフォード英語辞典』）とある。ラファエルは災害を次のように定義する。すなわち「個人や社会の対応能力を超えた不可抗力的な出来事や状況、さらに少なくとも一時的には、個人や社会機能の重大な崩壊状況をもたらすものという意味で使われている。概して突発的、劇的な出来事と思われがちだが、干ばつや飢饉のように、始めはさほど重大とは思えぬまま徐々に始まり、延々と続く災害もある」（Raphoel, 1986）。

災害には、疫病災害、自然災害と人為災害がある。人類の有史以来の大災害は「疫病」であった。中世ヨーロッパではペストが「黒死病」と呼ばれて大流行し、人口の三分の一以上が亡くなったと伝えられる。医療の発達によって、現代では特に先進国において、伝染病がそのような大量死をもたらすことはほとんどなくなったが、発展途上国ではいまだに伝染病が大量死をもたらすこともある。

自然災害には火山、地震、津波、台風、山火事などがある。このたびの東日本大震災や阪神・淡路大震災、雲仙・普賢岳の噴火、三宅島の噴火、数々の台風被害など、日本での自然災害は枚挙にいとまがない。

人為災害には戦争、火災、交通機関の事故、化学物質や放射能による環境汚染、貧困と飢餓、テロなどがある。戦争は有史以来続く人為災害であり、その行きつくところがナチスドイツのホロコーストであり、ヒロシマ・ナガサキの原爆被災などであろう。飛行機事故、鉄道事故、海難事故も非常に多くの犠牲者を出す。一九八五年の日航ジャンボ機の御巣鷹山への墜落事故、一九九一年の信楽高原鉄道の衝突事故、二〇〇五年のＪＲ福知山線脱線事故など、日本でも大きな交通事故が多数起こっている。このたびの福島原発事故、一九八六年のチェルノブイリ原発事故は人間による人間と環境への災害である。発展途上国での貧困と飢餓も、栄養失調、内戦がもたらす暴力、強いられる移住、家族のきずなや日常生活の崩壊など、あらゆるレベルでの災害となっている。

（2）災害による悲嘆

愛する人を亡くした遺族の方々の悲嘆に軽重はないが、災害による喪失や悲嘆の特徴、あるいは災害の種類による喪失や悲嘆の特徴があるのもまた事実である。

現代では、緩和ケア病棟でも一般病棟でも、ターミナル期にある患者や家族は、患者の死期が近いことをある程度認識している。あと何ヵ月しかないといういのちと共に生きること、それがどれだけ辛いものであるか[1]。ターミナル期を経て、家族を亡くされた遺族の多くは、看取りの日々を振り返って「あの時は毎日が地獄のようだった」と言う。その苦しみは、突然死で家族を喪う方には経験できないものである。一方で、死別に向けての心の準備とお別れができるという側面もある。

それに対し、突然死の場合、限られた時間の中で見送る辛さはどうしようもないものがある。おくりびとになることはどんなにつらいか。特に自然災害の場合には、様々な喪失が重複することが特徴として挙げられる。大切な人、家、ふるさと、仕事、財産、思い出、ペットなどを同時に喪失する。故人のご遺体が見つからないこともあり、非常につらい日々を過ごすこととなる。さらに自然災害の場合、遺族自身も被災者であり、命に関わるような重傷を負っていることもある。また、心の悲嘆だけでなく、日常生活にさえ事欠くような避難生活を強いられていることもある。その悲嘆反応の特徴として、喪失があまりに大きく、精神的に麻痺した状態が続いていること、他の人が亡くなり、自身が生き残ったことへの罪悪感（サバイバーズギルト）が挙げられる。その悲嘆は非常に複雑であり、それが癒されるためには長い時間を要する。複雑性悲嘆に陥る可能性も高く、細やかな配慮と知識が必要となってくる。

人為災害もまた、異なった特徴がある。最大の特徴は、具体的な加害者がいるということである。自然災害で遺族になられた方には、加害者がいない。あるいは「神も仏もない」という言葉で表現するように、加害者を神や仏といった大いなるものとする。そういった見えない加害者に対しては、怒りをぶつけることができず、どうしようもない怒りや死の原因を生身の人間である自分自身に向ける傾向がある。そのため、自責の念が強く、非常に苦しむ傾向がある。それに対し、人為災害では具体的な加害者が存在するために、加害者に対する強い怒りが表明されることが多い。

3　阪神・淡路大震災

一九九五年一月一七日五時四六分、阪神・淡路大震災が起こったとき、筆者はもしベッドから振り落とされていなかったならば、確かに死んでいただろうと思う。ベッドの上には大きな戸棚が倒れ込んでおり、もしベッドの上にいたらおそらく圧死していただろう。そうして助かったいのちであったが、一月で寒い日が続き、電気もガスも水道も電話も、ライフラインがすべて途絶え、その中での生活はどんなにつらかったか。耐えられないと思うほどの一ヵ月であった。

ここで阪神・淡路大震災の概要を述べておく。死者六四三四名、行方不明者三名という犠牲者を出し、負傷者も四万三七九二名にのぼった(2)。都市を直撃した初めての直下型地震であり、当時、日本で初めて震度七を計測した。多数の建築物が倒壊し、広範な火災が発生したことも特徴であった。そのため避難者が多数生じ、ピーク時には約三二万人が避難所で生活していた。

筆者は六〇〇名ほどの被災者のケアに携わってきたが、そのうち子どもを亡くした母親三四名について、震災後二年九ヵ月、三年六ヵ月、四年六ヵ月と追跡調査を行っている（高木、二〇〇七）。以下は震災後二年九ヵ月時点での、自身の心の状態についての語りの一部である（以下の語りは全て高木、二〇〇七より引用)。

・「悲嘆からの立ち直り」は考えられない。悲しみ苦しみは心の根底に常にあって、この悲嘆は決して消えることはないと思うし、また消えてほしくない。

・大震災のあの時から「時」が止まってしまっている。周囲は変化しても、私の気持ちは変わらない。あの子がいないのだから。

・大震災の「あの時」の「あの苦痛」を追体験する時、子どもがすぐそこにいるように感じられ、心が安らかになる。

いまだに深い悲嘆のさなかにあることがうかがえる。柏木(一九九七)は、ホスピスで家族を亡くした遺族の八〇%が一年半で日常性を回復していると指摘する。もちろん個人差は大きいので、この数字も参考にすぎず、それによって悲嘆の大きさや深さを比較することはできないが、自然災害の遺族が回復に長い時間を要することが多いことは指摘できる。次に、三年六ヵ月後の心の状態についての語りを示す。

・目に見えない力を心から信じられるようになり、また、娘と息子の健康を亡くなった子に祈る。自分自身においては、彼の死の意味を問うことが、生きるすべてのエネルギーの源となっている。

・震災後、さずかった子が、障害と共に生きていくことになりそうなので、元気そうなお子さんを二人も三人もつれているご家族を見ると、ねたましく、またそう思う自分がいやだ。震災さえなかったらと、しょっちゅう思う。

・あのようなかわいい子をわたしが殺したのではないかと強迫観念にさいなまれている。家を建て直そうと主人と相談していた矢先の大震災であるため罪の意識は一生残ると思う。夫に対しては今も敵意を持っている。

・よく三年半、生きてきたと思う。悪夢を見ているような、毎日だった。自殺願望の三年間だった。今思うとなぜ死に切れなかったのか不思議である。今は息子が死んだことも理解し、受け入れている。息子は死んでも生きていると確信が持てたからだ。しかし、気持ちの中では時々、複雑にゆれ動いている。

・震災で末息子を亡くした後、昨年、娘を授かった。上の息子はすっかりお兄ちゃんになり、妹をかわいがってくれる。平和な生活が戻ってきた。しかし、あの子がいない淋しさや悲しさはいつまでも心に残ることと思う。

・本当に子どもの死を受容しているのかと自問自答しているが、ようやくあの子はもういないのだと認められるようになった。今夏はことのほか暑い日が多いが、その太陽のぎらぎら輝く光をまぶしく思えるようになった。四年ぶりだと思うと、この三年半の日々が夢を見ているようにも思える。

いまだに深い悲嘆のさなかにいる者がいる一方で、日常性を回復している者もおり、個人差が顕著になってきていることがうかがえる。しかし、日常性を回復している者も、だからといって悲しみが消えたわけではなく、悲しみを抱えながらも平安な日常を過ごすことが可能になったにすぎない。

震災後三年六ヵ月の間で、三三名のうち離婚を四名、別居を四名、夫の自死を二名、がんの手術を三名が経験していた。これは非常に高率であると言える。(3) 震災で子どもをはじめ多くのものを喪失し、その後も人間関係などの喪失体験をしているのである。子どもの死に直面し、怒りや罪責感、絶望、虚無感などさまざまな感情が湧きおこり、それが内向する場合は自罰的になり、自死念慮が高まったりする。その感情が外に向かう場合、配偶者をはじめとした身近な家族とそれをぶつけ合うこととなり、夫婦関係の破綻に結び付くことがあるのである。一方で、互いに深い悲嘆を経験する中で、互いに支えあい、以前よりも強いきずなで結ばれるケースもある。グリーフケアにおいては、個人のケアをするだけでなく、家族単位でのケアが求められることがよくわかる。(4)

さて、震災後四年六ヵ月が経ち、心の状態を尋ねたところ、新たな方向性を見いだせるようになったという回答が多くあった。いくつかを抜粋する。

・子どもを亡くした悲しみは一生消えないと思うが前進して行く希望が見えて来た。
・子どもを亡くした意味が少しずつ理解されるようになり、神と人を信じられるようになった。

・子どもと死別し、夫と離婚した後、強い孤独感と不安感に苦しんだが、今年に入り新しい発想で自分の生き方を肯定できるような気がする。

ただし、どれだけの歳月がたっても悲嘆から完全に回復することはない。悲嘆の中にも希望や前向きな姿勢を持つことができるようになり、日常生活を送ることができるようになったというだけのことである。

4　ＪＲ福知山線脱線事故

二〇〇五年四月二五日九時一五分、ＪＲ福知山線脱線事故が起きた際、筆者は事故現場から一キロほどの大学で授業中であった。ヘリコプターが大きな音をたてて何台も飛んできて、授業を続けられなくなった。そうこうするうちに学生の一人が「尼崎で事故があったらしい」というので、携帯電話で調べてもらったのを覚えている。

事故の概要を述べる。ＪＲ西日本の福知山線（ＪＲ宝塚線）塚口駅と尼崎駅間で発生した列車脱線事故である。速度超過でカーブに進入、脱線し、先頭の二両が線路脇のマンションに激突した。運転士と乗客を合わせて一〇七名が亡くなり、五六二名が負傷した。ＪＲ西日本がミスをした乗務員に対して行っていた日勤教育が運転手のストレスになっていたとし、事故の大きな原因の一つとして取り上げられた。また、当該カーブへのＡＴＳ装置（自動列車停止装置）の未設置が事故を引き起こしたとして、刑事裁判にもなっている。

さて、事故後一カ月後ほど経ったころから、遺族の方が「話を聞いてほしい」と筆者のもとを訪れてくださるようになり、個人的に遺族のケアに携わるようになった。そして一年後、ＪＲ西日本から、「協力してください」という申し出があったのである。筆者は、阪神・淡路大震災で六〇〇名余りの被災者のケアにかかわってきた経験から、災害で大切な人を亡くす悲しみはこういうものか、という思いがあった。ところがＪＲ福知山線脱線事故のご遺族、被害者に接して、全く異なることを思い知らされたのであった。

ＪＲ福知山線脱線事故の特徴として、加害者がいるために被害者の怒りが非常に強いという点と、ローカル線の事故であったがために、被害者・遺族が多数いただけでなく、その多くが近隣に在住していたことが挙げられる。

この事故と震災を比較して、一番大きな違いが加害者がいるかどうかであった。見えないものに対しては、怒りや無念さをぶつけることができず、自らの中で消化するしかない。しかし、見える相手がいると、どうしてもそこにぶつけたくなる。これが人間の限界であると感じた。ＪＲ福知山線脱線事故は加害者がＪＲ西日本と非常にはっきりしており、大きな企業であったため、加害者への怒りが非常に大きいものである。被害者の多くは、ＪＲの駅の近くで生活している。関西は私鉄が多く、自宅が私鉄の近くであれば、その私鉄を使う。このたびの被害者は、自宅がＪＲの駅に近かったためにＪＲを利用し、事故に遭遇したのである。そのため、事故後も日常的にそのＪＲの電車を見ながら生活していくこととなる。ＪＲの電車は事故前と変わらず、スピードを上げて走っている。元気のいい、スピードをあげて走っている電車を見ると、自身はつらく悲しくどうしようもない思いでかろうじて日々を過ごしているにも関わらず、加害者であるＪＲ西日本は元気なのだと感じられてくるのである。加害者が元気だと思うと、「私たちの苦しみはどうしてくれる」という怒りが湧いてきて、なかなか消えない。

また、この事故では、被害者の数も多かった。事故は、朝の通勤のピークが過ぎた後の時間に起こったため、乗車していたのは大学生や高校生が多く、会社員の方でも中高年の方が多かった。ローカル線であり、その遺族の多くが近隣に住んでいる。それは遺族にとって、同じ事故の遺族仲間が近くにいるということであり、そこではグループができ、グループの中で癒されていくというプラスの面が非常に大きかった。だが遺族仲間が近くに多くいるということには、マイナスの面もあった。最初のころは、遺族の多くが同じような悲嘆を経験しているが、年月が経てば経つほど個人差が出てくるのである。その個人差をどのように埋めていくかが問題になる。グループがあるがゆえに、日常を取り戻している人といまだに悲嘆が深い人がお互いを比べてしまったりする。同じ経験をした遺族が近くにいて遺族会で癒されることは非常に有効であるが、その裏面もあるということである。

筆者は一九八五年に起こった日本航空の御巣鷹山への墜落事故でも知人を三名亡くしている。その三名の方の遺族と関わってきたことと、ＪＲ事故の遺族と関わってきたことを比べると、ローカルな事故と、全国区の事故の違いに気付かされる。日航事故では遺族が全国に散らばっていた。遺族が集まろうと思っても、時間とお金と手間暇をかけてでないと集まれない。当時は今のようにメールもなかった。そうした時代背景もあるだろう。日航の場合は、事故調査の結果、日航の全面的な責任ということではなく、アメリカの会社の整備ミスで収まった。日航が直接的な加害者ではないような雰囲気が社会全体でもあったように思う。日航に対する複雑な思いが遺族にはあったが、飛行機事故にはそういうこともあると、気持ちをおさめていった。筆者が直接知っている遺族は三名だけではあるが、その三名は、日航をそれほどまでには責めなかった印象がある。

さて、筆者はＪＲ事故について、加害者であるＪＲ西日本社員のケアにも携わってきた。近年、社会の加害者・被害者への見方が変わってきている。今日では、社会の被害者への想いやりが濃くなっている。一方で、「加害者は悪人、非難されて当然」とし、非難の声が集中する風潮が日本社会で強くなっているようにも思う。ＪＲ西日本の社員に接していてその思いを強く持ったのである。ＪＲ西日本はこの大事故の加害者である。ただし、事故を起こそうと思ったものは一人としていない。それでもＪＲ西日本に対するバッシングはすさまじいものがあった。また、被害者の怒りはものすごく、説明会の場では「娘を返せ」「人殺し」という悲痛な叫びが容赦なくＪＲ西日本に浴びせられた。この叫びは大切な人を突然に理不尽に奪われたものとして、当然の叫びであり、ＪＲ西日本はただただ詫びるしかないであろう。

しかし、ご遺族担当の社員の話を伺う中で、彼ら自身が悲嘆の真っただ中にあったこともわかったのである。彼らは事故後、亡くなられた方の一家族に対して二名ずつ派遣されたものである。遺体安置所に待機し、身元がわかった時点で、派遣される。自分たちが起こした事故の結果、亡くなられ、泣き崩れる遺族の方々と一緒にお宅に伺い、お通夜・お葬儀の手伝いをする。そのような中で、社員の多くは、信頼を失い、自尊心を失い、多くの人の命を奪ってしまった自責の念を強く抱いていた。加害者もまた、多くの喪失を経験しているのであり、ケアを求めていたのである。

以上のような経験から得た教訓として、次のことがある。すなわち、加害者が、事故直後からどのような手厚い心を被害者の方々に向けたかによって被害者の悲嘆は大きく違ってくるように思う。JR西日本の事故では、あまりにも加害者が被害者の心に対する理解ができていなかった。筆者がJR西日本に協力を求められたのは、事故後一年半経ってからである。そのため、被害者の方々がこんなにも叫びをあげているのに、それに対する十分なケアができなかった。それがいまだに尾を引いているように思う。この教訓を活かすとしたら、事故直後から、加害者が被害者への理解を十分に持たなければならないという点が挙げられる。国土交通省が交通機関による事故での被害者、遺族への支援に関して法整備しようとしているというのは、JR福知山線脱線事故に加え、日航事故や信楽高原鉄道の衝突事故など、これまでの大きな事故を踏まえての反省と思う。

5　セルフケアの重要性

阪神・淡路大震災が起きたとき、筆者はその三日後から避難所を訪れるようになった。朝から晩まで三つの避難所を毎日歩いて訪ねていた。そこで出会った六〇〇名を超える遺族の方々のケアを約一二～一三年行なってきた。今思うと、筆者自身も被災者の一人として、同じ境遇におかれている方々と一緒にいたかったのだろうと思う。しかし、被災者の方々のお話を毎日伺いながら、筆者自身は、自身の悲しみに耳を傾けないようにしていた。それに気付いたのは、震災後二週間経ったころ、東京から駆けつけてくれた知人の前で、心の底から涙したときであった。被災者の方々の悲しみや苦しみを受け止める日々の中で、自身の緊張がピークとなり、その感情を表出できたことで、とても癒され、楽になった経験であった。

そのような経験から、大災害にあってケアするもののセルフケアの必要性を強く感じている。大災害でのケアに携わる際には、自身の心身の安全を確保することが重要である。心に傷を持つ人たちの支援は、通常よりも強い疲労感や無力感を引き起こす。そのため、一人で抱え込まないことが大切である。問題を抱え込まないようにし、同僚や上司と頻繁に相談することが必要である。また、仲間や家族、友人とこまめに連絡を取ることも大切である。特に大きな被害を目の当たりにすると、自身のことは二の次にし、被災者のケアを最優先しようとしてしまう。しかし、そのように自身を無理させてしまうことは、結果的に自分自身の心がつぶれてしまい、ひいてはケアの対象者を傷つけてしまうことにもなりかねない。自身の限界を心得、自身の異常のサインを察知したときには、十分にセルフケアを行うことが重要である。

6　おわりに――東日本大震災を経験して

東日本大震災が起き、筆者もこれまで何度か被災地へ足を運んでいる。当初、阪神・淡路大震災を経験しているからこそ、被災者の気持ちがわかる、ケアができるという思いを無意識にも、心のどこかに持っていた。しかし、それはとんでもない思い上がりであったことを、すぐに思い知らされた。

このたびの地震と津波は、文字通り、全てを奪い去っていった。行方不明者が多いこともまた、特徴としてあげられる。家を失ったものが「うちは命は助かったから」といい、家族を喪ったものが「うちは遺体が見つかっただけまだましだ」という。家族の遺体が見つからないものは、そのためにいつまでも供養ができないという思いが消えず、その喪失を受け入れられずにいる。遺体が見つかったものも「あの人よりまし」と悲嘆を抑え込んでしまう。原発事故のために、遺体の捜索ができない地域も多かった。目の前で、家族が流されて行く姿を目にしたり、逃げていく間に他の人を見殺しにしたりといった悲惨なケースも数知れない。多くの人にとって、悲嘆の過程が非常に困難な道のりとなることが予想される。
そのような方々に対し、「神戸から来ました。同じように震災を経験しました」という言葉は、かえって反感を覚えさせるだけであった。阪神・淡路大震災と東日本大震災は違う。わかったふりをしての安易な共感はしてはならないことを思い知らされた。いや、それはこのたびの大震災に限ったことではないだろう。すべての喪失を比較することはできず、すべての悲嘆は一人ひとり異なる。他者の気持ちを「わかる」ことなど絶対にできない。私たちは、自身の喪失体験、悲嘆経験をもとに、他者の悲嘆に共感し、寄り添うように努めるわけだが、本当に他者の気持ちを理解することはできず、一人ひとり異なるということ、寄り添うことの限界を常に覚えておかなければならない。

さて、被災者の多くが、更地になった我が家から探し出し、見つけ出そうとしたものが先祖の位牌であり、家族のアルバムであった。土着の信仰心や家族との思い出といった目には見えないものが、被災者の心の支えとなり、拠り所となっているさまがうかがえる。このような行為からは、話を聴くことだけが心のケア、グリーフケアではないことがわかる。特に、東北地方の方々は、自身の感情を他者に語ることに抵抗があるという。言葉にするにはあまりにむごい経験も多い。地域特有の人々の気質、土着の信仰心を含めた文化、人間関係の在り方を理解したうえでのケアのありようが求められている。柳田（二〇一一）は、東日本大震災によって生じたグリーフケアの在り方に対する課題として、「不条理な突然死であるがゆえに、遺された人にとっては、グリーフワークもグリーフケアも困難になる」ことと、「このような不条理な死に直面すると、グリーフワーク／グリーフケアの進展において、宗教心の有無が重要な要素になる。そこでケアする側に宗教家の参加が求められるようになり、新しいチームワークが要請される」と述べている。

このたびの大震災は、日本人にグリーフケアの重要性を改めて突き付けるものであった。日本人の多くが被災者の心に思いを寄せ、自分にも何かできることがないかと考え、行動した。遠く西日本においても、飲み会などの楽しみを自粛しようという動きがあった。全てを失った人がいるなかで、自身は何も失わずに、日々を楽しむことに罪悪感を覚えたのである。被災者の感じている痛みを、少しでも感じようとしたのではないかと考える。「他者の痛みに心を寄せる」ことはグリーフケアの原点であろう。また、グリーフケアにおいて「土着的な宗教心に届くようなケアのかかわり方」が大切になるということも、大震災の被災者に対してだけではない、グリーフケアという、その人の価値観をも揺るがすような大切なものを喪った人へのケアの本質であろう。東日本大震災は、被災者のグリーフケアという大きな課題を突きつけると同時に、社会全体において、他者の痛み、悲しみに敏感であることの大切さを私たちに思い出させてくれるものであった。東日本大震災を経験し、被災者の悲嘆に思いを寄せると同時に、悲嘆のさなかにある人を支えることのできる社会へと、日本社会が変わっていくことを心より期待している。

注

（1）このような死別を前にした悲嘆反応を「予期悲嘆」という。
（2）阪神・淡路大震災の被害確定について（平成一八年五月一九日消防庁確定）
http://web.pref.hyogo.jp/pa20/pa20_000000015.html
（3）一九九八年の日本の離婚率は一・九四（人口一〇〇〇人対）である（厚生労働省「人口動態統計」）。
（4）グリーフケアにおける家族ケアについてはナドー（二〇〇九）に詳しい。

第2章　遺族会とグリーフケア

髙木慶子・山本佳世子

1　はじめに

大切な人を亡くし悲嘆にくれているとき、誰が支えになってくれるだろうか。家族、友人、地域の人……。大家族で暮らしていたり、人間関係の密な地域社会があれば、家族や友人が支えとなり、あるいは地域社会でおこなわれる葬送儀礼によっても癒されたであろう。しかし、核家族化の中で家族の一人が亡くなると、生じる隙間は非常に大きく、家族の中では亡くなった人の話ができないような状況にすらなる。隣にだれが住んでいるのかも知らないようなマンション・アパートでの暮らしでは、地域社会での癒しも期待できない。どうしようもないような悲しみ、つらさを一人で抱えていくしかないような状況になってしまっている。

そこで、従来のコミュニティにかわるものとして、近年、遺族同士によるわかちあいの会（遺族会）が増えてきている。同じように大切な人を亡くした人たちが集まり、悲しみをわかちあい、支え合う場である。筆者（高木）は兵庫・生と死を考える会にて、「ゆりの会」と「わすれな草の会」という遺族会の活動を一九八八年より二五年間にわたっておこなってきた。本章では、「ゆりの会」「わすれな草の会」での経験を中心に、遺族会の実際について述べる。

2　遺族会とは

グリーフケアの方法には、大きく分けて一対一でのケアとグループでのケアがある。一対一の個人面談は、カウンセラーと遺族の二人だけで話をするため、対象者に集中し、対象者の想いにしっかりと向き合うことができる。しかし、場合によっては二人だけの狭い世界に陥ってしまうこともある。相性が合わず、かえって傷ついてしまうことも起こりうる。グループのケアとは、すなわち遺族会でのケアであるが、同じように大切な人を亡くして苦しんでいる人がこんなにいるんだ、とわかることで孤独感が解消されたり、安心感を得られたりする。同じようなことで困っていたり、傷ついていたりするために、非常によく共感できると同時に、必要な情報交換がなされたりもする。複数の人が参加するため、合わない人がいたとしても、誰かしら共感しあえる人が見つかる。ただし、個人面談と比べたときの遺族会の課題としては、秘密が完全には守られにくいということが挙げられる。会で聞いたことは外部に漏らしてはいけないという守秘義務については徹底してはいるが、専門家ではないために、どこかで漏れてしまう可能性を否定できないのである。また、自分のことで精一杯で人の話を聴く余裕のないとき、長時間にわたって自分の話を聴いてもらいたい、話したいときなどは、一対一のケアの方が求められるだろう。

遺族会には、グループの世話人から参加者まで、全てが当事者によって行われているセルフヘルプグループと、当事者でないものが運営・開催しているサポートグループとがある。自死遺族の会、子どもを亡くした親の会、親を亡くした子どもの会、流産死産など周産期の子どもを亡くした親の会、犯罪被害者の会、事故遺族の会など、喪失の対象や原因を特定して活動を行っている会と、大切な人を亡くされた方であればどなたでも参加できる会とがある。

（1）セルフヘルプグループ

セルフヘルプグループとは、なんらかの困難や問題、悩みを抱えた人が同様な問題を抱えている個人や家族と共に当事者同士の自発的なつながりで結びついた集団である。その問題の専門家の手にグループの運営を委ねず、あくまで当事者たちが独立しているというのが特徴的である。一九三〇年代にアメリカのアルコール依存症者の間でうまれ、その後、摂食障害や麻薬、覚せい剤、仕事、ギャンブルなどの依存に悩む当事者の組織が形成された。遺族会もその一つである。岡（一九九九）

はセルフヘルプグループの要素として①わかちあい、②ひとりだち、③ときはなち、の三つを挙げる。セルフヘルプグループは、まず「わかちあい」から始まる。同じ体験をしたもの同士だからこそわかりあえる気持ち、その体験に関連した問題を解決するために使える情報、その体験をめぐって出てくる考え方をわかちあう。「わかちあい」の目的として、「ひとりだち」と「ときはなち」が挙げられる。「ひとりだち」とは、自分の生き方や問題の解決方法を自分で選び自分で決めることができるようになることと、社会的に孤立した状態から社会参加していくこととがある。「ときはなち」とは、抑えつけてしまっている感情を解き放ち、自分で自分を差別する考え方をやめ、自尊感情を取り戻すことと、社会の偏見や差別をなくすために社会に働きかけることである。

セルフヘルプグループでは参加者が皆「当事者であること」が非常に重要になっている。会の運営やわかちあいのファシリテーションは世話人などと呼ばれるリーダーが担うが、世話人も当事者の一人である。そのため、皆が同じ立場で参加することができ、わかちあうことができる。他者の心ない言葉や行動に傷ついた経験のある人は、一人でも非当事者がいると安心して話すことができないという場合もある。会には同じ経験をした、しかし異なる悲嘆の段階にいる当事者が集う。共感しあうと同時に、自身の数カ月後あるいは数年後の姿をみいだし、希望とすることもある。しかし、似たような経験をしているために、小さな違いが気になり、認められず、比較してしまい、問題が生じることもある。世話人の力量によっては、悲しみ比べが起こってしまったり、自己主張の強い人が出てきて他の遺族を傷つけてしまうというような二次被害が起こり得る可能性をはらんでもいる。事務的な作業や、参加者への配慮など、世話人への負担は大きく、世話人が燃え尽きてしまったりすると、会の継続が困難になる場合もある。

（2）サポートグループ

それに対してサポートグループとは、筆者が立ち上げた「ゆりの会」や自死遺族の会である「わすれな草の会」のように市民グループ（兵庫・生と死を考える会）を母体にしたものの他に、ホスピス病棟のスタッフが主催するものや、葬儀社が主催するものがある。

会の運営と、わかちあいのファシリテーターは非当事者が担うという役割分担が明確にされており、当事者への負担が少ない。ファシリテーターの多くは宗教者、医療従事者、教員など、臨床現場で活躍し、グリーフケアについての専門的な知識や技術を要するものが担っており、複雑性悲嘆に陥っているなど専門家の介入が必要なケースなどにも適切な対処が期待できる。一方で、非当事者に対して不信感を持っているものには参加は難しいだろう。ファシリテーターが非当事者であるために、ファシリテーターと参加者が必ずしも同等な関係とはいえないため、ファシリテーターとの相性も問題となってくる。

3　遺族会の実際

(1)「ゆりの会」「わすれな草の会」について

本節では、筆者がおこなっているサポートグループ「ゆりの会」と「わすれな草の会」での活動を中心に、遺族会の実際を報告する。筆者は、一九八八年に東京から関西に移り「兵庫・生と死を考える会」を設立、同時に遺族会「ゆりの会」と自死遺族の会「わすれな草の会」を立ち上げた。「ゆりの会」は亡くされた対象や原因を特定せず、大切な方を亡くされた方ならどなたでも参加できる。日本で最初の「生と死を考える会」が立ちあげられたのが一九八二年、子どもを亡くした親の会「ちいさな風の会」の設立が一九八八年、「神戸・ひまわりの会」の設立が一九九四年であり、日本の遺族会としては最初期から活動している会の一つである。「兵庫・生と死を考える会」は二〇一一年現在で会員が約六〇〇名おり、遺族会の開催のほかに、毎月の定例会や「生と死の教育」研究部会の活動がある。遺族会は月一回行っており、「ゆりの会」の参加者が三〇名程度、「わすれな草の会」が一〇名程度である。ファシリテーターが約八名、その他の運営スタッフが約四名いる。

参加者は、女性の方が多い。男性は、悲しみを表出してはいけない、語ってはいけない、泣いてはいけない、そういうことをするのは弱い男だ、という思い込みが、いまだに社会にあるためではないだろうか。年齢層は四〇代、五〇代が多い。配偶者を亡くした人は、五〇代、六〇代が多く、男性で定年前後に配偶者を亡くした人も多く参加する。女性は若い人も時々参加するが、多いのは四〇代以上である。

（2）グループをわける

わかちあいは五〜七名程度のグループにわかれておこなう。その際、子どもを亡くした親のグループ、配偶者を亡くしたグループ、親を亡くしたグループなど、できるだけ同じ経験をした人たちが集まれるようにグループ分けをする。特に自死遺族については、会を分けておこなうほどである。それは、参加者ができるだけ同じ経験をした人と語りたいと願うと同時に、悲しみ比べになってしまうことを避けるためでもある。子どもを亡くした親は、配偶者を亡くした人に「もともと赤の他人だったのだから、いいじゃない。再婚すれば」と言ってしまうことがある。そして「子どもは分身よ！」と言う。それは本当であろうが、その言葉に配偶者を亡くしたものは傷つくと同時に、何も言えなくなってしまう。一方で、配偶者を亡くした人は、「子どもはまた産まれるじゃない」と言ってしまう。人は、特に大切な人を喪い、苦しくつらく、わけがわからなくなってしまっているときには、自分の立場、境遇でしかものを考えることができなくなってしまいがちである。悲嘆のさなかにあるときに、それは当然のことであり、それを責めることなどできない。そのため、できるだけそうした悲しみ比べという事態に陥らないよう、同じ境遇の人をできるだけまとめるのである。

グループをわけるのは、そのグリーフの深さや大きさに違いがあるからではない。確かに、子を亡くした母は、自身のお腹の中で育んだ、自身のいのちであった子、まさに分身といえる存在を急に亡くすのであり、その場合の怒りと悲しみは非常に大きいものがある。一方、配偶者を亡くした人は、さびしいという感情が強いように思われる。配偶者を亡くした人は、赤の他人であった人と一体となったと思ったものの、半身を無理やり取られるような体験をするのである。子どもを亡くした人は将来をなくし、配偶者を亡くした人は今をなくし、親を亡くした人は過去をなくすと言う。これは一つのたとえであるが、配偶者の悲嘆と、子を亡くした親の悲嘆の感じ方は微妙に異なる特徴があるかもしれない。しかし、だからといってどちらの方が苦しい、どちらの方がましだということではない。にもかかわらず、小さな違いが気になり、悲しみ比べという事態になってしまうのである。

(3)　安心できる場を設定する

わかちあいでは、ファシリテーターの進行のもと、参加者が一人ずつ話をしていくわけだが、その際にいくつかのルールがある。すなわち、①ここで語られたことは他に漏らさない、②悲しみ比べや批判はしない、③アドバイスはしない、④言いたくないことは言わなくてよい、⑤時間を一人占めしない、⑥布教活動、政治活動、営業活動などは行わない、である。

これらのルールは安心して自身の抱えている辛さや悲しさを語ることができる環境を作るためで

ある。遺族会に足を運ぶものの多くは、大切な人を亡くしたことで多くの偏見や差別にあったり、気持ちを理解してもらえなかったり、心ない批判を受けたりといった二次被害を受けていることが多い。そのため、ありのままに語るには、まず秘密が漏れないことが保証されていなければならない。これは、会で聞いたことを会に参加していなかった他者に話さないということだけでなく、会に参加していた人同士であっても、会が終わったらその話はしないということである。「あの人あんなこと考えてたのね」と噂話をされては語った方はたまらないし、「あなたあんなこと考えてたの」と話しかけることも、その場で終わったことを蒸し返されることとなり、望ましくない。そのうえで、何を言っても、批判されることなく、ありのままに受け止めてもらえる場であることが必要である。「言いっぱなし、聴きっぱなし」と表現されることも多い。説教をしたり、アドバイスをしたりするのではなく、ただ黙って聴ければいいのである。

「ゆりの会」にも、布教目的の人が来たことがある。「皆さんは災いが家族につきまとっているから、お祓いが必要である」と言う。その人には丁重に退室いただいたわけだが、参加者の多くは、そうした言葉は普通である、驚くことではないと言う。自分たちが悪いことをしたわけではなくとも、家族が自死したり事故で亡くなると友人が近づいてきてくれなくなる。それまでは子どもが幼稚園児のころから親同士で仲良くしていたのが、子どもが高校生になり、交通事故で亡くなると、それまで親友と思って、幼稚園のころからの友達と思っていたのに、急に声をかけられなくなる。同じ年の子を持つ親として、その家と付き合うとうちにも同じような災いが来るのではないかと思うから遠ざけるんです、という。不幸が伝染するような気がする、ともいう。そうした偏見がこの社会には現実にあり、遺族会という安心して語れる場を求められるのである。

実際、「ゆりの会」にはかなり遠方から参加する人も多い。地域社会が機能している頃には、大変なことがあったとしても、それを一緒に担わなければならないという意識があった。それが崩壊すると、大変なできごとを「私たちのもの」と受け止めてくれる人がいなくなってしまったのである。そのため地域の人、知人には自身の気持ちを話せない、知られたら困るということになり、遠くの人や場にケアを求めるのである。

これは都会の問題かというと、全国的に問題になっているのが現状である。孤独死は東北や九州といった地方でも問題になっている。過疎化が進み、地域社会がなくなっているのである。老齢の夫婦だけが残っていて、隣近所にも足が悪くなって連絡が取れなくなる。グリーフケアの問題は、高齢化、少子化の問題であり、都会化の問題であり、過疎化の問題でもあるのである。

（4）ファシリテーター・世話人の役割

遺族会の運営にあたっては、主に参加者への連絡や問い合わせへの対応、会員情報の管理、会計、広報、会場準備などの事務的な作業と、グループの進行や参加者のフォローなどがある。

ファシリテーターがグループの進行を行なう際に注意することとして、①ルールを維持する、②よく聴く、③遅刻者や話せなかった人に配慮する、が挙げられる。まず、わかちあいを開始するにあたってルールの説明をする。その後、一人ずつ語っていただくわけだが、「言いっぱなし、聴きっぱなし」が崩れ、批判やアドバイスをする人がいたり、議論が始まってしまった場合には、それを止める必要がある。人の話を取って自分の話を始めてしまったり、話しだしたら止まらない人もいる。そうしたときには、他の参加者が話せるように声かけが求められる。

また、「よく聴く」ことが基本となるが、話が混乱してきたときには声かけして話を整理してみたり、「～はどうでした？」などと促してみることも時に必要であろう。事実のみを淡々と話す人に対しては、もう少し気持ちを語っていただけるよう、促してみることで、語っている人は新たな気づきが得られることもある。ただし、できごとを語ることで精一杯で、気持ちを語れる状況ではない人もいる。慎重な判断が必要となる。

最後に、ほとんど話をしなかった人がいれば、「何かありませんか？」などと促すことも必要であろう。初めて参加した人などは、遠慮してほとんど話ができないこともある。話したくないことは話さなくていいので、無理に話してもらうことがあってはならないが、「あなたのことも気にしています」という気遣いを示すことも大切である。

これらの役割を果たすためには、「よく見る」ことが大切になる。話している人だけでなく、聴いている人も含め、グループ全体をよく見て、グループのダイナミクスをきちんと理解していなければならない。

サポートグループの場合には、ファシリテーターは当事者ではないため、警戒感を持たれないよう、きちんと立場を説明すると同時に、ファシリテーターも自己表現をしたりして、安心して話してもらえる雰囲気を作る必要もある。また、専門的なアドバイスを求められれば、必要に応じてそれに答えることもあろう。他方、セルフヘルプグループでは、ファシリテーターも当事者であるために、大きな負担がかかることになる。特に、事務的な負担よりも精神的な負担が大きいと言われる（黒川、二〇〇五）。専門家ではないために、複雑性悲嘆を抱えていると思われる参加者への対応なども難しく、「これでよかったのだろうか」という思いを常に抱いている。あるいは、自身も当事者であるために、自身が不安定になってしまうこともある。そのため、専門家との連携や、世話人のわかちあいの時間を作ったりすることも有効である。また、会を継続していくために、後継者の養成も課題となる。

（5）その他の活動

遺族会の活動は、必ずしもわかちあいだけではない。多くの会が、わかちあいの前後などにその他の活動を組み合わせている。代表的なものに、講演会をおこなったり、なんらかの儀式をおこなったり、といったことが挙げられる。あるいは、音楽会やアートセラピーなどを取り入れることもある。儀式としては、故人に手紙を書いたり、一人ずつキャンドルに灯をともしたり、祈り――宗教は問わず、方法も問わないことが多い――の時間を持ったりする。

また、終末期医療の充実や、病気の解明や予防、教育活動、啓発活動、裁判支援や法律改正に向けた運動などを積極的に行っているグループも多い。「兵庫・生と死を考える会」も活動の柱として、「死別体験者のわかちあい」の他に、「生と死の教育の普及・促進」と「終末期医療の改善と充実」を挙げている。

4　さまざまな遺族会

遺族会には、喪失の対象や原因を特定しているものや、運営主体が市民グループではないものなど、様々である。本節では、喪失の対象や原因を特定しているものとして自死遺族の会と子どもを亡くした親の会、運営主体の別として病院主催の会と葬儀社主催の会を紹介する。

(1)　自死遺族の会

自死遺族については、それ以外の遺族とは全く違う。亡くなったのが親であろうと兄弟であろうと子であろうと、自死であるというだけで、遺族は社会的な制裁を受けているのが現状である。社会的な偏見、それは、家族が自死する前に自分自身が持っていたものであったりする。自死に対して自らが偏見を持っていたことを自死遺族となって自覚し、他の人もそう思うだろうと思う。そのため、人前で家族の自死を言えないことが多い。また、家族がうつによる自死で亡くなると、血の繋がっている子どもも同じうつになるのではないか、自分もうつになるのではないか、自死するのではないか、という恐怖を持つことが多い。うつ病は遺伝的要因があるとどこかで聞き、配偶者を自死で亡くした人は、自身は大丈夫でも、子どものことを心配し、「生きているだけでもありがたい」と言う。子が自死した場合、自身からの遺伝なのか、あるいは妻または夫からの遺伝なのか、という非常にデリケートな葛藤がある場合もある。

自死遺族の特徴は、とにかく自責感情が強いことが挙げられる。「私が殺しました」。「私の主人は自死で亡くなりました。それは、主人を私が殺したんです」。多くの人は第一声にそう語る。うつ病をはじめとした精神疾患が自死の原因となることは多く知られるようになってきており、自死も病死であるとさえ言える。筆者の「自死も病死よ」という言葉に、「そう言われることは非常に嬉しい。けれども、私はまだそうは納得できません」と答える。

そういった差別や偏見、自責感情の強さなどがあり、自死遺族の悲嘆の過程は非常に複雑である。自身がそれまで持っていた偏見が、そのまま自身に跳ね返ってきて、葛藤する。そのため、解放されにくいのである。病死であれば、どこかで納得ができるようになっていくものだが、自死の場合、「私が気がついてあげればよかった」「私が殺したんだ」という思い、他の誰でもない「私」が直接的な加害者だという思いが強く、それを許すことができない。そのため、ケアが非常に難しく、遺族会でも、継続して来られる人が少なく、会の継続も難しい。それだけ悲嘆が複雑であるということ、安定できないということがいえる。

（2）子どもを亡くした親の会

医療技術の進展により、乳幼児死亡率が大幅に減少し、小さい子どもを亡くす人が減った。乳幼児死亡率の低下それ自体は、非常に好ましいことであろうが、この数字をゼロにすることはできない。そのため、子どもを亡くした親は、同じ経験をした人が身近になかなかおらず、孤立してしまうことが多い。子どもを亡くした親は、死別の悲しみだけでなく、遺されたきょうだいとの関わり、次の子の出産、夫婦関係、加害者がいる場合に加害者との関係など、さまざまな問題を抱えている（黒川、二〇一一）。そのため、一人っ子を亡くし現在も子どもがいない人、遺されたきょうだいがいる人、自死遺族、事故遺族などに限定した分科会を開いている会もある[1]。

また、流産や死産によって子どもを亡くした人は、その悲嘆をなかなか周囲が理解してくれないことが多く、夫婦の間でもすれ違いが生じやすく、ケアが求められている。太田（二〇〇六）は死産で子どもを亡くした母親のケアニーズとして「母親になることを支える」ことと「悲嘆作業を進めることを支える」ことを挙げる。子を亡くした親として悲嘆していい存在として、認められ、受け入れられる場として、遺族会の存在は重要である。

（3）医療従事者による遺族会

ホスピス病棟の多くは、亡くなった遺族を対象にした遺族会をおこなっている。患者の死亡後二カ月後、あるいは半年後など、決まった時期に遺族会の案内を遺族に送り、月一回あるいは隔月で病院内の会議室などを使用しておこなっていることが多い。チャプレンや臨床心理士がいる場合には、彼らがファシリテーターとなる。また、病棟看護師がファシリテーターをしたり、ファシリテーターでなくとも会に参加していることも多い。スタッフが故人を生前から知っているため、遺族は故人を知る人と思い出話ができ、癒しとなるようである。よく知った家族のその後を知ることができることは、医療スタッフにとってもケアの場にもなるし、入院中のよかったことや嫌だったことを聞くことで、よりよい医療の実践に活かすことにつながる。

一方で、故人の最期の時を過ごした場に足を運ぶことができない遺族もいるため、会に参加するかどうかは遺族の意思に任されていなければならない。また、病院は案内を送るだけで、会の運営は遺族の代表者に一任し、セルフヘルプグループとしておこなっている会もある。

（4）葬儀社による遺族会

新しい試みとして、葬儀社が開催している遺族会もある。その一つとして、公益社は二〇〇三年より「ひだまりの会」という遺族サポート組織を立ち上げた（古内、二〇一一）。月一回の月例会を開催し、専門家による講演とわかちあい、音楽演奏がおこなわれる。百ヵ日のころに月例会への案内を送り、発送から四～五日後に電話による案内をおこなっている。また、急性期の「グリーフサポート」の他に、少し立ち直りを見せた遺族に対する「ライフサポート」もおこなっている。遺族有志による分科会もある。

葬儀社が遺族サポートに取り組む意義として、坂口（二〇一一）は①多様な遺族に開放、②積極的なアプローチが可能、③ニーズに応じた多彩な活動、④幅広いネットワークによる連携、⑤社会への普及啓発、⑥人材育成と研究活動、⑦葬儀業務の改善、を挙げる。セルフヘルプグループの数も多くなく、遺族会のある病院も限られている中で、葬儀社による遺族会は多様な遺族にケアを提供できる。葬儀を介して、死別後比較的早い時期からアプローチできることも重要である。企業の社会貢献活動としておこなわれることで、一定の人材と資金が投入されるため、多彩な活動をおこなうことが可能となる。また、葬儀社は法律家、宗教者、医療機関や行政機関などとの既存のネットワークを持っており、遺族のニーズに応じた活用がスムーズに可能となることも魅力である。そして、葬儀に関してよかったことや嫌だったことを直接聞くことができることで、葬儀業務の改善にもつながる。

5 おわりに

以上、遺族会について紹介してきたが、遺族会の課題と展望を最後に述べて終りたいと思う。第一に、会の数が圧倒的に少ないこと、情報が少ないことが挙げられる。悲嘆のさなかにあるときに、自ら遺族会を探し出すというのは、非常に大きなエネルギーを要する。病院や葬儀社主催の場合、主催者側から案内を出し、アプローチができるという点は重要であろう。遺族会の数は増えてきてはいるが、都市部に集中しており、地方ではまだまだ少ないのが現状である。また、その存在を知っていても、悲嘆が一番大きいときには、遺族会に足を運ぶことすらできない。そうした状況にある人を孤立化させずに、いかに支えていくことができるかも課題である。[2]

また、参加者層に偏りがあることも課題である。男性や若年層の参加が少なく、四〇代以上、五〇代以上の女性の参加者が多いために、二〇代、三〇代の人や男性は参加しにくいこともあるようである。男性の場合、人前で涙を見せたり、感情を表出することに抵抗がある人が多かったり、若い人では小さい子どもを抱えていて時間が取れなかったり、仕事が忙しかったりもする。試みとして、若い世代に限定した遺族会も立ちあがっている。[3]

会の運営に関しては、セルフヘルプグループでは困難なケースへの対応、専門家との連携が難しく、世話人への負担から、後継者がいなかったり、燃え尽きてしまうことで継続した活動が難しいことが多く、会の継続も大きな課題であろう。他方、サポートグループの場合、非当事者であるために、参加者が警戒したり、合わなかったりすることもあろう。

「ゆりの会」には、一〇年以上参加し続けるような人もいる。そのような人たちにとって、「ゆりの会」は「人生のオアシス」であるという。「あそこに行ったら自分は癒されるんだ」という場、何か苦しいことがあったら駆け込んでいけるという場になっているのである。ずっと毎月来るわけでなくとも、久しぶりにぽっときて、「もう一〇年経つんですよ」と話される。人生、生きているといろいろある。そういうときに、「あそこに行ったら自分の本音が話せる、聴いてくれる」という場になっていることを嬉しく思う。

もちろん、「人生のオアシス」と呼べる場は、遺族会、わかちあいの会である必要は必ずしもない。それまでの人生において各人が築いてきた地域コミュニティや家族、友人関係がそうした場となれば、これほどのことはない。しかし、大切な人を亡くした時、地域でその人を支える機能が少なくなってしまい、近場ではなくあえて遠方の遺族会に参加する人がいるのが現状である。遺族会が、新たなコミュニティとして、多くの人にとって「人生のオアシス」と呼べる場となることを切に願うと同時に、各人がそれぞれのニーズにあった遺族会に巡り合えるよう、その種類と数が都会・地方を問わず、増えていくことを願っている。

注

(1)たとえば「ちいさな風の会」では、自死、残された子とのかかわり、家族・夫婦について、加害者責任と被害者の癒し、ターミナルケア、ひとり子、入会年度別の分科会をおこなっている(若林、二〇〇〇)。

(2)新しい試みとして、「こどものホスピスプロジェクト」(http://www.childrenshospice.jp/)という遺族支援チームの活動がある。心のケアに関する一定の研修を受けた、子どもを亡くした親であるスタッフが、同じように子どもを亡くした方のお家に訪問したり電話でお話しを伺う活動をしている。

(3)「特定非営利活動法人　生と死を考える会」(http://www.seitosi.org/)では大切な人を亡くした若い世代(二〇代~三〇代)に限定したわかちあいの会をおこなっている。

第3章　日本社会の伝統的なグリーフケア

大河内大博

1　はじめに——本章の視点

私たちの社会では、死別を経験した後、その悲しみに向き合う間もなく、葬送儀礼という別れの儀式を営み、その後も定期的な法要の場を経験していく。有史以来、人間は、死者の埋葬に対して、様々な意味を見出してきたが、現代の私たちにとっては、その様相の多少の変化はあるものの、一定の「決まり事」として、事が運ばれていく側面が大きいことは否定できない。

たとえば、日本の伝統仏教では、葬送儀礼の後も七日ごとの中陰（四十九日）と呼ばれる法要を七週間、計四九日間勤め、四九日目（満中陰）の儀礼を一つの区切りとする。そして、その後も百ヵ日、一周忌、三回忌、七回忌と、定期的な仏教行事を執り行う。仏式による葬送と死後の祀りを選択した遺族は、しばらくは定期的な仏教行事の流れに添い、亡き人の供養や冥福を祈る場の施主となる。

こうした期間は、文化的にも「服喪」として受け入れられ、死別直後には、職場や学業の休暇が公的にも認められている。碑文谷（二〇〇三）は、この服喪について、

> 儀礼として遺族に服喪が勧められるのは社会的な要請であるが、それが受け入れられたのは、遺族にとっても服喪に根拠があると理解されたからである。服喪を心の中で遺族自身によって受け入れられたときそれはグリーフワークに転じる。まさに喪の作業になる。服喪は社会的に保証されたグリーフワークであり、グリーフワークの社会からの承認であった、と理解することができるだろう。

と述べ、服喪が悲嘆を抱えた遺族にとっての公的なグリーフワークの期間であると述べている。

この服喪の期間に行われる仏教儀礼には、当然、宗教的教義的意味合いがあるわけだが、遺族が儀礼のすべてを、そうした意味合いで執行しているわけではない一面も見られる。例を挙げると、仏教僧侶が中陰（四十九日）の間、各家庭にお参りする際、その対象の中心は、お釈迦さまや、阿弥陀さまといった〝仏〟である。しかし、遺族にとっては、そうとは限らない。むしろ、遺族にと

っては、〝仏〟よりも、大切な人の戒名の書かれた位牌の方が手を合わせる対象として重要であったり、遺骨の方が大切であったりするのである。無論、仏教僧侶にとっても、位牌や遺骨も重要ではあるが、何のために、何に対して手を合わせるか。そこには仏教僧侶と遺族の間に、多少のズレがあることは否定しがたい。遺族にとって亡き人を祀り、手を合わせる場は、遺族自身が死別の悲しみと向き合う場となり、そこでは主観的で個別的な亡き人と自分自身との対話が繰り広げられるため、宗教的教義的意味合いには納まり得ない(1)。

こうした遺族独特の主観的で個別的なグリーフワークが、仏教儀礼を通して行われていることは、実は日本社会の特徴でもある。そして、その作業には、個別的でありながら、親族や地域の人々や宗教者が参加することで、グリーフケアを受ける機会ともなり得るのである。坂口（二〇〇五）は、こうした一連の仏教による宗教行事のグリーフケアの要素について、①家族や親族と故人の思い出や気持ちを共有する機会を与える、②記念日反応（第6節参照）が懸念される節目の時期に行われる、③死別直後だけでなく長期に及ぶ、という点で有効なケアとなり得ると指摘している。

本章ではそうした日本社会の伝統的なグリーフケアとして、仏教儀礼に見られるグリーフケアの要素について整理してみたい。

2　儀礼の「場」と仏教僧侶によるグリーフケア

(1) 儀礼の流れ

まずは、亡くなった後の一連の儀礼について確認しておきたいのだが、仏教と一言で言っても、複数の教団があり、各教団ごとに独自の儀礼がある。また、葬送儀礼やその後の法要などは、各地域に習俗的に受け継がれている伝統的なものも少なくない。そのため、ここで紹介するのは、筆者が浄土宗僧侶として葬送儀礼などに関わることの多い、大阪府を中心とした一般的な様式であることを断っておきたい。

死亡の連絡を受けて最初に行うのが、枕経《まくらぎょう》と呼ばれる儀礼である。枕経は、自宅か菩提寺で行うことが主であったが、葬儀の場所が、地域の会館や葬儀会社の専用施設で執り行われることが多くなったり、マンションなどで一旦自宅に帰るのが困難といった住宅環境の変化によって、葬儀場所となるところへ枕経に出向くこともしばしばある。そして、通夜、葬儀・告別式と執り行われる。葬儀・告別式の後に火葬し、拾骨後、拾骨式（一般的に、お骨上げと呼ばれる読経）と併せて、略儀的に初七日を行うことがほとんどとなっている。そのため、亡くなってからおよそ二週間後となる二七日から、七日ごとに毎週一回、たいていは自宅に僧侶が出向き、七七日の満中陰と呼ばれる四九日目までお参りを続ける。

以後、百ヵ日、一周忌、三回忌と続き、少し間があいて、丸六年後となる七回忌、丸一二年後となる十三回忌と、法要期間が延びながら継続されていく。

またその間、関西圏の多くの地域では、亡くなった日の命日か、その前の日（逮夜《たいや》と言う）に、毎月各家庭の仏壇へ参る「月忌《がっき》参り（逮夜参り）」という習慣が今も残る。つまり、近しい人の死を通して、仏教僧侶は、その直後に週に一度のペースで約一ヵ月半、少し間が空いてからは月に一度のペースで、遺族となった檀信徒と定期的に会いながら、節目の年忌法要で親族を集める場をもつ仕組みが出来上がっているのである。(2)

(2) グリーフケアとしての「場」と仏教僧侶の役割

このようにして、日本仏教における儀礼は、亡くなった直後から、特に一年間は、行事が続き、その後も継続されていく特徴をもつ。亡き人への追慕が中心となる儀礼であるので、その場では、遺族は亡き人を強く意識し、自らの悲嘆を見つめる機会となることが考えられる。

普通、ケアを受けようとする場合、ケアを必要とする当事者の能動性が不可欠となる。カウンセリングを受けようとしたり、死別体験者の分かち合いの会（以下、分かち合いの会と略す）に行こうとしたりと、行動を起こさなければならない。しかし、儀礼というものは例外もあろうが、基本的には決められたことをこなしていく形で実践される。「満中陰までは七日ごとにお参りをします」とか、「一年後には、一周忌をお勤めします」というように。このように見ていくと、亡き人の弔いにかかわる儀礼では、遺族の能動性とは関係なく、儀礼の「場」が用意される。そして、その「場」こそ、〝大切な人を亡くした家族〟が施主という主人公となって、本尊の仏だけでなく、むしろ心情的には、確かに一緒に生きた大切な方への弔い・供養として、手を合わし、思い出を語り合う「場」となる。

このように、日本社会に伝統的に、半ばシステマティックに取り込まれた儀礼の「場」が、遺族が自身の悲嘆を見つめる場となる。そこでの仏教僧侶の役割について、小此木（一九七九）は次のように指摘している。

愛する人、頼っていた対象を失ったわれわれは、ただ一人、自分の心の中だけでその思い出にふけり、心を整理しようとすればするほど、その思慕の情はつのり、対象がいま、そこにいない苦痛は耐えがたいものになる。絶望と孤独、さみしさでいっぱいになる。そしてこの苦痛から救われる一つの道は、死者への思いを誰かよい聞き手に語ることである。悲しみをともにし、怨みつらみを訴え、死者への自責やつぐないの気持ちをわかち合ってもらいたい。こうした喪の仕事の伴侶となることこそ、古来からの宗教家の基本的な天職であった。

また、カール・ベッカー（二〇〇二）は、

遺族カウンセリングという技術は、アメリカが日本から輸入した技術なのである。昔の日本の医師のほとんどが僧侶で、患者が生きている間は医師として、漢方の処方をしたり、入浴の手伝いをしたり、鍼灸を施したりして患者の世話をし、そして死んだ後は、僧侶として家族を呼び寄せて、周忌や回忌ごとにみんなの話を聞き、慰めの言葉をかけ、故人の成仏を祈った。

と述べており、仏教僧侶は、古来より遺族のよい聞き手となる役割を通して、グリーフケアを担っていたことを示唆している。

儀礼の場は、大切な人を亡くした悲しみと共にある家族や親族の小さな共同体を形成し、そのなかで、仏教僧侶は、宗教的儀礼の司祭者としてだけではなく、悲しみ、苦しみを語る場を提供し、その語りに耳を傾ける役割を伝統のなかで担ってきたのである。

(3) コミュニティによる葬送儀礼

悲しみを理解し、語る場がグリーフケアとなるのであるならば、日本社会の葬送儀礼の特徴の一つである地域などのコミュニティによって執り行われる側面にも注目できよう。大松(二〇〇〇)は、葬送儀礼の共同体的側面に着目し、

人が死んだ時、遺体を洗うのは一般的に近親者の役目だが、葬送儀礼の実務にあたるのは喪家

ではなく、喪家が所属する共同体である。準備や後片づけ、棺桶作り、墓穴掘り、棺かつぎなど、葬送儀礼の中でも重要な部分を占めることを、喪家とは親族関係にない人々が行うのである。そのおかげで、近親者は、死者との別れの時間をゆっくりと持つことができたのである。

と論考している。ここから分かることは、大切な人を亡くした一大事において、コミュニティによる葬送儀礼が、遺族に亡き人との最期の別れの時間を提供する、グリーフケアの「場」としての機能を果たしていたということである(3)。

しかし、現代では葬儀のための準備は、葬儀会社がすべて引き受けてくれるため、必ずしもコミュニティに頼る必要はなくなった。そのため、地域の人や職場の人などにも知らせずに、家族・親族のみで執り行う、「家族葬」と呼ばれる形の選択が可能となり、社会の高齢化や葬送儀礼への考え方の変容に伴い、特に都市部で「家族葬」が増えている。さらには近年、死亡後、葬送儀礼やお別れの会のような場を持たずに、直接火葬し、埋葬する「直葬」と呼ばれるケースも増加している(4)。こうした簡略化の是非はともかくとして、高木（二〇一一）が指摘しているように、葬送儀礼には家族や地域といった豊かな人間関係のなかで遺族の悲嘆を癒すという機能があるにも関わらず、その場が失われつつあることは懸念されるところである。

3　日本人にとっての死者供養

日本人の多くが仏式によって葬儀を執り行い、その後も仏壇や墓を通して、死者を供養するようになった背景には、仏教僧侶が民衆の葬儀にかかわり出した江戸時代の檀家制度の確立による影響が底流にある（圭室、一九九九）。その後の神仏分離政策など、江戸時代からの分断はあるものの、現代に至っても、菩提寺と「家」の関係が継続した多くの日本の家庭では、葬送儀礼などを仏式で行い、各家庭には仏壇があり、先祖代々の戒名を記した過去帳や位牌が安置されている。

しかし、そうした仏教による死者供養を中心としている日本人が、さりとて仏教信者としての振る舞いをしているかというと、必ずしもそうとは言えない。そもそも檀家制度が政策として行われたことからも分かるように、菩提寺を持つ多くの日本人の存在を、信仰の発露として仏教と出会った結果とみることは難しいであろう[5]。そのような現代日本の祖先崇拝について研究したスミス（一九八三）は、日本人の死者供養にかかわる行動の特徴について、「亡くなって間もない供養では、生前好きだった物を仏壇にお供えする」行動や、「仏壇に対して、生前と同じように話しかける」日本人が多いことを報告している。スミスのこの調査はやや古いものであるが、近年の坂口（二〇一〇）の仏壇に参る理由についての調査によれば、「故人と対話するため」という理由が最も多かったことが示されている。

その事例として、井藤の研究が大きな示唆を与えてくれる。井藤（二〇〇九）は、夫を亡くした妻の体験談を通して悲嘆プロセスの分析をするなかで、女性の次のような言葉を紹介している。

やっぱり主人が亡くなってね、仏壇を持ってみると、お線香をあげてこうして拝んでるときの気持が安らぐっていうのかしらぁ。私、つくづく思う。自分がこういう気持ちになるなんて、夢にも思わなかった。前はね、お墓とかお仏壇とかね、縁もなかったし、こんなに大事なもんだと、こころ安らぐところだと知らなかったから。

井藤はこの女性の悲嘆プロセスについて、

仏事を一つひとつこなしていくことや、仏壇を通じて亡くなった人とのつながりを確認していくことが、死別の悲しみを癒す際に大きな力となっていた。

と分析している。

さらには、仏壇のなかでも故人を表す位牌がより重要視されている事例として、東日本大震災において、原発事故を受けて避難していた住民が一時帰宅を許可された際、仏壇の本尊ではなく、位牌や遺影を大事に持ち帰ろうとしていた様子が報道されていたことからも、このことをうかがい知ることができる。

このように、日本の各家庭に仏壇があることとの意義は、仏教の固有の仏や教義への信仰の表れと見るよりも、大切な亡き人との〝繋がり〟を重視するものであるとの認識に立たなければならないことが分かる。日本人にとって大切なのは、先に逝った大切な人の代わりとなる、位牌であり、遺骨であり、遺骨を納めた墓なのである。

こうした日本人の仏壇や位牌、遺骨、墓を通した、故人との繋がりは、国際的にも紹介されており、日本人のグリーフワークの特徴として捉えられている。クラス（Klass, 1996）は、日本人の故人との繋がりについて、先のスミスの研究をベースにして、次のような特徴を紹介している。

・各家庭に仏壇があり、毎朝、仏壇の前で礼拝が行われる。そして、仏壇が各家庭にある主な理由は、死者の魂を崇拝するためである。
・命日などに故人の好きな食べ物を仏壇にお供えするなど、生前の関係を継続する行為が見られる。
・お盆に先祖をお迎えし、また見送る習俗がある。

クラスはこれらを、日本人の故人との繋がりを重視するグリーフワークの特徴として捉え直している。こうした行為は、仏壇であったり、位牌であったりと、仏教という固有の宗教を背景にしたツールを介して行われているが、実は極めて情緒的な要素を持っている。

冒頭でも触れた通り、仏教的に見ると、仏壇の中心は中央に祀られた仏であり、手を合わせる対象は位牌ではない。また、故人の好きな食べ物を備えるのは、家族の素朴な想いからである。お盆もまた、仏教が取り入れた行事ではあるものの、各教団の教義を見ても、そこには亡くなった人が帰ってくるというような説明はなされていない。このようにしてみると、日本人のグリーフワークとして捉えられている仏事を通した行為は、一見して仏教的な行為ではあるものの、亡き人への素朴な心情の吐露が紡ぎ出した行為であるという方が正確であろう。

また葬送儀礼においても、同じような様相の変化を指摘する声がある。その一例として、新谷（二〇〇九）は、葬送を含む儀礼の死者への「供養」という部分が減少し、死穢の感覚も減退して、「記憶と交流」という新しい段階に入ったのではないか、と分析している。その特徴は、死者への供養ではなく、遺された者が、自分の喪失感のとまどいや悩みといった気持ちの安定を儀礼に求めている、グリーフケアの視点が中心になってきているところにあるという。つまり葬送儀礼の中心は、故人ではなく遺族となっているのである。

こうして見ていくと、遺族が行う仏教を基礎とした様々な行為に対し、それらは仏教教義の厳格な体現ではなく、遺族となった人々の率直な悲しみの表現であるとの捉え方が必要となってくる。

4　仏教儀礼と仏教僧侶の役割におけるグリーフケアの要素

仏教僧侶が、これら遺族の素朴な心情としての行為を仏教ではないと否定し、正していくやり方を選択するか、あるいは、悲しみの表現の一部として肯定し、見守っていくかで、仏教儀礼がグリーフケアとしての十分な役割を果たし得るかどうかが決まってくる。

本項では、後者の立場に立って、現代の仏教による葬送儀礼やその後の法要などにおいて、グリーフケアの役割を果たす要素を取り上げてみたい。

(1) 菩提寺と檀家という関係の強み

江戸時代に確立された檀家制度以降、現代においても日本の仏教は、家の宗教として息づいている。長く僧侶を務めていれば、三世代に渡る付き合いになることも珍しくない。先祖代々のそうした生前からの付き合いを経て、本来は、看取りの場面にも参加し、その後の葬送や祀りを遺族に対して促していく役割をもつ。

遺族にとっては、亡き人のことも知ってくれている仏教僧侶は、亡き人との関係を理解した上で死別の悲しみにある自分のことを分かっていてくれる存在であるため、自然と亡き人の話をする相手となり得る。仏教僧侶からも、生前の思い出を話し伝えることができ、遺族にまた違った故人の姿を伝える場ともなる。

（2）仏教儀礼のグリーフケアの要素

枕　経

古来より、日本には臨終に仏教僧侶が同席し、読経を行う臨終行儀が行われてきたが、現代ではそういったケースは非常に稀なため、死亡の知らせを受けて駆けつけておこなう枕経の場が、遺族となった檀家にかかわる最初となる。死別直後となるこのタイミングで声を掛け、看病などを労い、最期の様子などを語っていただくことで、死別直後の想いに耳を傾ける場となり得る。

通夜、葬儀・告別式、拾骨式、初七日

亡き人の生前にかかわりある人が参列して、通夜、葬儀・告別式が行われ、その後、先述したように初七日まで執り行うケースが多い。連日に渡り、仏教僧侶は遺族と共に時間を過ごす。また、遺族の親族や参列者といった、より広いコミュニティに対して、法話などによってメッセージを投げかける要素も含まれてくる。

前掲の碑文谷（二〇〇三）は、

葬儀にはグリーフケアの機能があると言われる。だが、それは葬儀のもち方、係わる者の態度

が適切だったときのことである。グリーフワークを阻害することもある。そして葬儀は遺族にとってグリーフワークの始まりとしてあり、終わりではないのだ。

と述べており、葬儀に係わる者の適切な態度が、遺族のグリーフワークの始まりとなることを指摘している。

また、自らの死別体験を綴った心理学者の相川（二〇〇三）は、葬儀の意義について、「〝遺された者の心の快復〟という観点からすると、どのような形でも行うべきもの」と指摘した上で、葬儀の働きとして、①死別の現実を遺された者が実感する機会、②遺された者に「自分はひとりではない」と感じさせてくれる機会、③故人への思いや悲嘆の感情を公に表現する機会、④遺された者が故人の人生を振り返り、故人との関係において自分自身を見直す機会の四つがあると述べている。この四つの働きは、遺族にとってのグリーフワークそのものであると言える。

中陰（四十九日）

七日ごとの中陰法要では、一週間に一度、必ず遺族と会うことになる。この間、遺族は役所への様々な届け出などで忙しく過ごされる場合も多い。そのような中、中陰では仏教僧侶の読経を通して、亡き人への想いと向き合う場となる。特にこの期間は、情緒的にも抑うつや思慕や怒りが月日と共に深まっていく期間であり（坂口、二〇一〇）、そのタイミングで定期的な訪問が可能であることは、グリーフケアの要素としてとても重要である。

また、各家庭の事情にもよるが、満中陰までの間の中陰法要では、最も近しい家族だけが参列する場合が多い。そのため、より近しい者だけの間柄で、思い出を語り、今の気持ちを吐露し、家族間で互いの想いを確認し合う有意義な時間となる可能性をも持つ儀礼であると言える。

納　骨

納骨の時期は、仏教教義のなかで明確に定められているわけではなく、各仏教僧侶の捉え方によって様々に示されている。だが、いつまでも遺骨を手元に置いておくことに対して否定的な考えの仏教僧侶もおり、また遺族も、長く納骨しないでいることは好ましくないという想いを潜在的に持たれている場合が多い。とは言え、納骨することが寂しく辛く、「まだ納骨したくない」という遺族の気持ちから、納骨しない時期が長期に渡る場合も少なくないことも事実であり、どのタイミングで納骨をするか、どのような納骨の仕方を選択するかなどについて、仏教僧侶が遺族の心情に最大限配慮しながらかかわることが、グリーフケアの観点からも重要である。

年忌法要

満中陰を過ぎると百ヵ日をはさみ、亡くなって一年後となる一周忌、二年後となる三回忌と法要が継続していく。仏教僧侶は、それぞれの節目となる法要で、遺族と対話するなかで、その間の遺族の変化を見ながらかかわることができ、悲嘆の様子から日常生活の営みの状況などに目を配ることができる。

また、遺族はそうした法要を営むことをひとつの区切りとして、新しい生活へのステップアップの機会とする場合もある。(6) 仏教僧侶は、そういった遺族の変化を見守っていく役割を担うことで、グリーフケアに携わることになる。

(3) 月忌参り

前述したように、関西圏を中心として、毎月、命日かその前の日に各家庭の仏壇に参る、月忌参りという習慣が根付いている。仏教僧侶は、檀信徒の各家に、毎月決まった日に訪問し、読経を挙げ、法話や日常会話をして過ごす。月忌参りは、仏教僧侶や各家庭の事情が許せば、長期的に継続されるため、遺族の悲嘆の様子を中・長期的にサポートする機会を持つことができる。

また、中陰法要や年忌法要もそうだが、月忌参りは、各家庭に仏教僧侶が出向き、読経をあげる。こうした〝家に出向く〟ということを、グリーフケアの視点から見ると次のような特徴として捉え直すことができる。

①悲嘆の身体的症状として、外出できない人に対しても、定期的に会うことができる。
②親族のなかでも、最も近しい人だけでの会話が可能である。また、一対一のケースでは、じっく

りと話をうかがう場となり、家族が数名おられる場合は、家族間の悲嘆の状況を互いに知り合う対話の場面ともなり得る。

③家の中の様子を一部ではあるがうかがうことができ、悲嘆が日常生活に与えている影響、たとえば、掃除が出来ているかどうかなどの様子から、悲嘆が複雑化していないか、専門機関へとつなぐ必要がないかなどの判断材料となる。

カウンセリングを受けたり、分かち合いの会に参加するためには、場所の問題や、外出するだけの気力があるかなどといった、いくつかのハードルを越えなければいけないが、直接訪問できる月忌参りなどの仏教儀礼では、そういった問題を一気に解決することが可能である。また、自分の家にいる安心感を持ってもらいながらサポート出来るのも、月忌参りの強みである。

5　仏教僧侶の意識変革

これまで管見してきたように、仏教儀礼によるグリーフケアの要素の特徴は、死別直後から七週間は毎週、その後も月に一度は遺族と顔を合わすことのできる「場」が、システム的に構築されていることである。この「場」こそが、他の宗教が羨む日本仏教の特徴である。

イギリス社会の悲嘆について調査したゴーラー（一九八六）は、聖職者と遺族の関係についての調査結果を受けて、次のような強い要望を聖職者に訴えている。

たとえば教会に通っている人でなくとも、教区の中で最近遺族となった人がいれば、聖職者はその人を訪問すべきであろう。さもなくば、第三者の眼から見る限り、イギリスの聖職者は、慈愛を示す主要な機会を逸しているように思われる。声を大にして言わねばならないが、私がインタビューをした大多数の人々は、現に、聖職者について自発的には全然話をしなかったのであるから。

少なくとも、日本の仏教界には、ゴーラーが憂えている宗教者の遺族宅への訪問の欠如について、定期的に訪問するシステムが用意されており、日本の仏教僧侶は、恵まれた状況にあると言わねばならない。

実際、そうした利点を活かすべきであるとの意識を有する仏教僧侶も少なくない。森田（二〇〇八）が大阪市内の仏教僧侶への意識調査を行った結果によると、遺族支援に積極的な意識を持っている仏教僧侶は八二・六％であったと報告している。しかし、実際の場面で苦慮した点として、「今までの学びだけでは、目の前にいる遺族をサポートすることができないと感じた」仏教僧侶が三〇％おり、「遺族からの相談に十分に対応する時間的な余裕がなかった」という問題点を二八・六％の仏教僧侶が訴えていたという。

このように、檀信徒を「悲嘆を抱えた遺族」として、また自身を儀礼の司祭者、教えの伝道者だけではない、グリーフケアの担い手として捉える意識が芽生えている。そこで、現在、グリーフケアの視点を取り入れ、先鋭的な活動を実践している仏教僧侶を簡単にではあるが紹介したい。

(1) 高橋卓志（臨済宗妙心寺派）の実践

長野県松本市にある神宮寺住職の高橋卓志は、著書のなかで仏教儀礼とグリーフケアに関する点について、次のように指摘している（高橋、二〇〇九）。

本来、葬儀や七日（中陰）法要は、大切なグリーフ・ワークとして意味をもつものなのであるが、現行の葬儀や法事は、それらがグリーフ・ワークとしてあることにも気付かれず、その意味も失われ、グリーフ・ケアとしての役割を果たしていない。

高橋は、宗派による葬送儀礼だけでは、遺族の悲嘆の癒しが完遂していないとの問題意識を持っており（高橋、二〇〇九）、神宮寺では、葬儀におけるリビング・ウィル（生前の意思表示）を重要視した、型にはまらない葬儀を実践している。死にゆく本人が、家族に「このような別れ方を希望する」と生前に表明し、その想いに添う葬儀の実現をサポートしており（高橋、二〇〇九）、檀信徒に向けた葬儀用パンフレット『旅立ちのセレモニー』を発行している。

こうして高橋は、神宮寺で一人ひとりのオーダーメイドの葬儀式やお別れ会を、故人と家族と寺院が協働してつくることで、グリーフケアの実践を試みている。

(2) 大下大圓(高野山真言宗)の実践

岐阜県高山市にある飛弾千光寺住職の大下大圓は、中陰とは、その間に遺族が、自分との和解、遺族・遺された人・死者との関係性を整理するための猶予期間であるとの考えを示し、遺族のグリーフワークのためにも重要であると述べている(大下、二〇〇九)。

実際、大下は中陰の時、遺族と一緒にお経を唱えた後、円になってコーディネーター役となり、説教をするのではなく、参列者の想いを聴く場を作り、「どんなふうにご主人のことを感じていますか?」などと、対話を促していき、その語りに一切の評価を与えず、ただ同意するのみに徹しているという。そうすることで、家族間でまたお互いの想いの温度差を確認しながら、家族の絆がつながっていくという。仏教僧侶がそうした時間を毎週やっていくと、うまくグリーフワークが進んでいき、四十九日(満中陰)のときには立ち直りのいい家族になることを報告している(大下、二〇〇九、二〇〇五)。

(3) 秋田光彦(浄土宗)の実践

大阪市にある大蓮寺住職で應典院代表の秋田光彦は、葬式は宗教的な儀礼であると同時に、地域の関係性や協力や連帯が発揮される共同体としての機能もあったと指摘したうえで、遺族はその共同体のなかで、周囲の人が死を悼み、遺族に対して共感することでグリーフケアの働きをしていたと論じ、仏教は死の一点だけを扱うものではなく、生涯全体にわたって寄与するものであり、仏教僧侶はそのプロセスをともに生きる伴走者の立場にあるのではないかと問題提起を行っている（秋田、二〇一二）。

そして、應典院では、様々なイベントや勉強会を催しているなかで、専門家による「グリーフタイム」という場を設けている。グリーフタイムは、大切な人やものを失った人を中心に、グリーフワークの材料（紙や粘土、色鉛筆など）を提供し、個々人がやりたいように想いのまま自身の悲嘆を見つめるグリーフワークができる機会を提供している。何もせず、ただお茶を飲んで過ごすだけでもよいという。

秋田自身がこの場を仕切るわけではないが、お寺をグリーフワークの場として提供しているところには、先に見た秋田のグリーフケアに対する考えが背景にあるためではないかと思われる。

三師のグリーフケア実践の試みは実に興味深い。高橋は、葬儀の在り方そのものを挑戦的に改革していくものであり、大下は、スピリチュアルケアの専門家でもあることから、既存の儀礼と枠組みをうまく利用して、仏教僧侶自身のスタンスの変革によって、遺族の語りと家族間の想いの再構築を主眼としたグリーフケアの場を作り出している。そして、秋田の実践は、お寺という空間を、個々人のワークを通した行き来自由なグリーフケアの場に創造し実践している。こうして三者三様に、伝統的な儀礼を通したグリーフケアが、現代的なアレンジが加えられ実践されているのである。(7)

6　仏教がもたらす遺族の負担

仏教儀礼がグリーフケアとして機能するためには、高橋・大下・秋田三師に見られたように、まず仏教僧侶自身の意識変革と、実際にその場でグリーフケアが行える素養が求められてくる。仏教儀礼が即グリーフケアとなるような単純な話ではない。それどころか、仏教儀礼そのものが遺族の負担となり、仏教僧侶の安直な言葉が、遺族をさらに傷つけてしまうこともある。

筆者がファシリテーターとしてかかわった分かち合いの会においても、参加者から仏教儀礼や仏教僧侶に傷つけられたとの訴えを何度か聞かせていただいたことがある。(8)

本項では、仏教儀礼そのものが遺族の負担となったり、あるいは仏教僧侶側に配慮がないと、遺族を傷つけてしまう側面があることにも触れておきたい。

(1) 法話の内容

仏教僧侶の本旨は、宗教実践と伝道・布教である。己の実践を通して、仏教の教えを人々に伝え広めることがその勤めである。しかし、その伝える内容が、遺族にとって負担となる場合もある。

たとえば、仏教には子どもが先に亡くなることを「逆縁」と呼ぶ言葉がある。それを子どもが亡くなった場合の通夜や葬儀の席で話すことは、遺族の気持ちを傷つけてしまう危険性がある。

また、ある遺族が、通夜の法話で念仏の話だけをして帰った僧侶について、「通夜で念仏の話だけをして帰って言った。今になれば、その話を聞く余裕があるが、亡くした直後の時に念仏の話をされても入ってこない。むしろ、遺族のことが放っておかれている気がして、腹が立った」と筆者に話してくれた。

仏教僧侶には、教義を正しく伝える重要な役割と共に、死別後間もない遺族に対してかける言葉や内容に配慮することも求められ、そのバランスを見極めることが問われてくる。

（2）遺骨への愛着

悲嘆のさなかにある遺族にとって、遺骨がただのモノではなく特別なものであるとの心情を抱くことは自然である。墓がある家庭の場合、仏教儀礼に従うと納骨を行うことになるが、前述のようにいつまでも手元に遺しておきたいと吐露する遺族は決して珍しくない。

分かち合いの会でも「納骨がまだできない」、「いつまでも仏壇に置いておくわけにはいかないと思ってはいるんだが、気持ちの整理ができない」と遺骨への思いを話される人は多い。そのため、納骨にまつわることで菩提寺の仏教僧侶から心ない言葉を投げかけられ、傷ついていると話す参加者もいる。ある遺族は、「『もうそろそろ納骨しないといけないのでしょうが、しばらくまだこのままでもいいですか?』と住職さんに相談したら『いいですけど、骨はただのモノで、それも執着ですからね』と言われたんです。そうなんですか?」と筆者に拳を握りながら尋ねてこられたこともある。

遺骨に対する特別な思いで言えば、実は遺骨を持ち歩く人も稀ではない。最近、手元供養と呼ばれる伝統的な祀り方なども広がり、遺骨をペンダントに納める商品や遺骨からダイヤモンドを作るような製品も企画されている。

そのような遺骨に対する愛着を、仏教僧侶側が、執着ととるか、グリーフワークの一環と捉えるかが問われてくる。少なくとも、死別の悲しみのなかにある遺族を傷つけてしまうことになれば、いくら教義的に正しくとも、人々の苦しみに向き合う宗教者としては失格である。仏教僧侶は、悲しみと共にある人々にかかわっているという意識を持つことが肝要であろう。

(3) 命日や年忌などの節目の儀礼

月忌参りの習慣が、グリーフケアの要素となる一方で、遺族のなかには、命日という節目の日にむかうにつれ、悲しみが深くなったり、眠れなくなったりといった、様々な悲嘆の反応が表出される「記念日反応(命日反応)」があることが報告されている(坂口、二〇一〇)。冒頭で触れた坂口(二〇〇五)が述べているように、命日という節目に訪問することがメリットである一方で、遺族にとっては一番しんどい時期に、仏教僧侶を客人として持てなさなければならない負担を抱えている可能性があることに、仏教僧侶自身が留意しなければならない。

（４）法要

継続的な仏教儀礼に対し、どれだけしんどくとも、どれだけ死別の事実と向き合いたくなくとも、社会的に儀礼や法要をしなければならないと、拒否できず無理をしている遺族がいる可能性もある。また、寺院で執り行われる法要に、悲しみのあまり、どうしても参加できない悲嘆があることも理解しなければならない。

と言うのも、寺院での法要は、他の檀信徒が集うなかで、それぞれの先祖の供養が行われる。そういった場に参加することが、時に悲嘆を抱える人々にとっては苦痛となることがあるのではないかと推測できるのである。

たとえば、「どうしても亡き人のことを想うと涙が出てくる。その泣いている姿を、他の人に見せたくない」と考える遺族がいても不思議ではない。あるいは子どもを亡くした人の場合、仏教の戒名から、そのことが分かってしまう。「童子・童女」ならば、子どもの男女であるとか、「嬰子・嬰女」なら、出生後まもない赤ちゃんであるとか、「水子」なら、流産か死産であったということが他の人の目にも分かるのである。誰を亡くしたのかを他者に不用意に知られたり、触れられたりしたくない人にとっては、寺院の法要に参列することは、とても心を乱されることになりかねない。

これらは、あくまで筆者の推測の域を出ないが、悲嘆を抱える人にとって、仏教の行事が心の負担となったり、その場で傷ついてしまう恐れがあるのならば、自身の心を守ることを優先しても良い場合もあるはずであり、寺院法要への参加の強要は慎まれるべきであろう。

7　おわりに——グリーフケアの充実のために

釈尊が「愛別離苦」と表現したように、私たちにとって愛する人との別れは苦しみそのものである。現代の仏教は、葬式仏教と揶揄されるように、儀式そのものだけを行って、他の機能を果たせていないという批判が寄せられている。まさにその他の機能の一つが、儀礼によって繋がった檀信徒の、「愛別離苦」の苦しみにかかわろうとする姿勢である。

遺族は、仏教儀礼を通して、大切な人との関係を継続する。サンダーズ（二〇〇〇）は、儀式を通して、遺族が独りにならないよう個人を超えた精神的な要素を提供することで、遺族の大きな支えとなることを指摘している。継続的にかかわることが可能な仏教僧侶が、儀礼を通して家族・親族間の交流の場を紡ぎ、語りへの真摯な傾聴と寄り添いを実践することで、遺族が悲嘆と共に生きる歩みをサポートし、その証人となっていくことができれば、グリーフケアの場は飛躍的に広がりを見せる。

そのためには、仏教僧侶に依頼する側（社会）と仏教僧侶自身双方の意識の見直しが必要となる。前者には、伝統的なグリーフケアの要素として、仏教儀礼やその後の祀りが果たしてきた役割を再認識していただきたい。昨今、直葬と呼ばれる現象が出てきたり、満中陰までのお勤めを省略したりする事例も見られる。儀式の簡略化や変化は避けられないが、これまでの伝統的儀礼のなかで自然と行われていた故人との交流を通したグリーフケアの重要性までも見失うことがあってはならない。

そして、後者の仏教僧侶も変わらなければならない。これまで仏教僧侶は、真摯に遺族の語りに耳を傾けてきたであろうか。正式な儀礼や行為のみを押しつけていなかったであろうか。法話の内容が遺族不在になっていなかっただろうか。教義を正しく伝え、教化してゆくべき姿勢は大切であるが、遺族が自らの悲嘆に向き合う数々の儀礼の場で、その場を司る仏教僧侶が単なる儀礼担当者として振る舞うだけでなく、グリーフケアの視点を持って、長期的にかかわる姿勢を持ったならば、葬式仏教という評価ではない、生きた仏教として再評価されることにもなろう。

こうした社会全体の見直しによって、先人の智慧が生んだ伝統的なグリーフケアが、現代的に息吹くことを期待したい。

注

（1）ここで言う、宗教的教義的な儀礼と遺族たる檀信徒との間のズレとは、先祖崇拝と仏教とが混合した日本独自の仏教儀礼の表れとして捉えるのではなく、身近すぎて「先祖」と括ることもできない死別体験者の生身の感情・感覚と、仏教僧侶が定まった宗教的教義的な儀礼の中で遺族に求めるものとの間にある差違であることを強調しておきたい。

なお、釈（二〇〇七）が、こうしたそれぞれの教義に則った仏教の理念と私たちが個々人で持つ儀礼への感覚と、さらに文化として根付いた習慣化した葬送儀礼について、ともすればバラバラの方向を向くものであると指摘しており、多くの仏教僧侶はそれに折り合いをつけなければならないと論じている点は参考になる。

(2)他にも、代々の墓がなければ墓の建立、そして納骨がこの間に行われる。また、お盆（関東では七月、関西では八月）に棚行と呼ばれるお勤めのため檀信徒宅を訪問する宗派が多くあり、それ以外にも、寺院に檀信徒が出向き、先祖供養のための塔婆回向をする法要（施餓鬼法要や彼岸法要など）を行ったりもする。

(3)地域によっては、通夜や中陰の時に、地域の住民が御詠歌を霊前で唱える習慣が残っているところもある。主に講の文化が残っているところで見られるようである。ちなみに筆者の親族の住む奈良県桜井市の池之内地区では、中陰の間に、地区の住民が御詠歌を唱える習慣が今も残っている。こうした習慣も、コミュニティが定期的に集まることによって、うまく機能すれば、遺族へのグリーフケアとなることも考えられる。

(4)葬儀の現代における変容については、中筋由紀子（二〇一〇）に詳しいので参照されたい。

(5)無論、先祖代々からのご縁のある檀信徒に対し、いかに教化し、どう信仰心を持っていただくかが仏教僧侶の勤めであり、そうした教化が現代でも行われている事実を無視するものではない。

(6)たとえば、先に紹介した井藤氏の研究で、夫を亡くした女性が「今だともう今年の二月に三回忌が終わって、なんかこう、吹っ切れた。吹っ切れたっていうよりも、涙を出なくなったのね。笑って話せるもん、今なら」と三回忌を節目として、時間を重ねて笑える日が来たことを振り返っている語りが紹介されている（井藤、二〇〇九）。

(7)その他、仏教僧侶によって設立された「自死・自殺に向き合う僧侶の会」（http://www.bouzsanga.org/aboutus.html#kai）での、自死者の追悼法要や自死遺族の分かち合いの集いの実施なども注目すべき取り組みである。こうした、仏教僧侶による団体がグリーフケアに取り組む動きも広がりを見せており、筆者が副代表をしている「いのち臨床仏教者の会」（代表：谷山洋三 http://www.acls.gr.jp）では、大阪府下で死別体験者の分かち合いの会「ともしび」（曹洞宗崇禅寺）「てのひら」（浄土宗願生寺）を開催している。

　また、伝統仏教教団の中でも、グリーフケアの視点を取り入れ、宗侶に対して檀信徒に関わるうえでの心構えを発信している教団が出てきている。例えば、曹洞宗では、曹洞宗総合研究センターが、自死遺族の檀信徒に関わる際の留意点や心構えをリーフレットに記載している（「自死に向き合う〜いま、私にできること〜」http://www.sotozen-net.or.jp/soken）。

（8）小西（一九九七）は宗教が遺族の二次被害となり得ることを指摘している。

第Ⅱ部　理論編

第4章　グリーフケアの基盤としてのスピリチュアルケア

小西達也

1　はじめに

本章ではグリーフケアと関連の深い「スピリチュアルケア」について論じたい。スピリチュアルケアは、終末期医療を中心にその重要性が認識されつつある心のケアの一種であるが、本来は喪失時を含め人生のあらゆる場面でその提供可能性が考えられるものである。その定義は様々になされているが、多くの場合、それはその人の精神生活、一人の人間として自らの人生と主体的に向き合っていく一人称の生、いわば「主体的生」に関わるものであり、特にその危機において提供されるものとされる(1)。その危機は「スピリチュアル・クライシス（人生の危機／主体的生の危機）」とも呼ばれる（Sperry, 2001）。それはすなわち、自らや家族の病や死、失業、離婚といった人生の試練に直面して、自らの生きる意味や存在価値が見出せなくなっているような状態である。本論では、スピリチュアルケアを「スピリチュアル・クライシス時の主体的生のサポート」と定義する。(2) いわゆる喪失もスピリチュアル・クライシスの一つの契機とみなすことができる。またスピリチュアルケアにはグリーフケアの基盤としての側面がある。そこで本章では、筆者のスピリチュアルケア専門職としての臨床経験に基づき、スピリチュアルケアの理論と実践について述べていきたい。

2　ビリーフとスピリチュアル・クライシス

主体的生の危機としてのスピリチュアル・クライシスとは、一体どのような状態を意味するのであろうか。主体的生のプロセスは、人生を通じてそのつど置かれた状況・環境の中で自らの生を表現していく、いわば「自己表現」のプロセスと捉えることが可能である。(3) ただしその自己表現は、その前提条件として、置かれた状況・環境をしっかりと踏まえ、さらにはそれを活かすような形、すなわちその状況・環境に適応したものでなければならない。それゆえ主体的生は、むしろ「適応／自己表現」のプロセスと言うべきであろう。「スピリチュアル・クライシス」は、普段行われている「適応／自己表現」が何らかの理由で行き詰まった状態と考えられる。(4) ではその時、その人の内面ではどのようなことが起きているのであろうか。本節ではまずそれについて見ていきたい。そのためには「ビリーフ」なる概念を導入する必要がある。

（1）ビリーフ

「ビリーフ」とは、「信念」「信仰」など、「信じること」一般を意味する英語「Belief」のカタカナ表現である。(5)「信じる」とは「それを本当だと思いこむ。正しいとして疑わない」ことであるが、ここでの「ビリーフ」には、それが果たして正しいかどうか必ずしも明らかでない、証明できないもので、とりあえず正しいと仮定しているようなものも含まれる（西尾・水谷・岩淵、二〇〇〇）。私達はその主体的生を営む上で数多くのビリーフを活用している。たとえば多くの日本人は「年長者を敬わなければならない」「和を乱してはならない」といったビリーフを共有している。しかもそれらの多くは無意識的に信じられており、その存在すら認識されていない場合も多い。

ビリーフは大きく二通りに分類できる。「世界観についてのビリーフ」と「価値についてのビリーフ」である（小西、二〇一二）。「世界観についてのビリーフ」とは、その人の「世界／現実をどう捉えるか」を規定するビリーフである。世界観はその人にとっての現実の有りようであるが、実際にはあくまでも現実のある特定側面についてのモデルに過ぎず、仮定や信念としての性質を有する。それゆえそれは一種のビリーフと言える。世界観についてのビリーフには様々なレベルがある。いわゆる科学的世界観のような客観性の高いものから、「自分が今直面している現実をどのように捉えるか」といった、自らの意思決定に必要な範囲の現実を主観的に捉え表現したものまである。

喪失との関連では、「喪失後の現実や人生をどう捉えるか」や「失った存在との関係性をどう捉えるか」も世界観についてのビリーフの一種と言える。「価値についてのビリーフ」とは「何に価値を置くか」、またある特定の状況に対して「どのように価値判断すべきか」を規定するビリーフである。それは典型的に「〜べき」「〜ねばならない」といった文言として表現される。前出の「和を乱してはならない」というビリーフも「価値についてのビリーフ」の一種である。いわゆる人間観や人生観、道徳観、宗教観、さらには「生きる目標」や「生きがい」といったものも、「価値についてのビリーフ」に分類することができる。[6] ここでは便宜上、「世界観についてのビリーフ」と「価値についてのビリーフ」の二つに分けたが、両者は互いに無関係ではない。たとえば価値判断を行うには、その基盤としての世界観が不可欠である。また世界観自体にも価値判断が含まれている。無数にある中から、特定の世界観を選択すること自体が、一種の価値判断とも言えるからである。[7]

(2) 基盤的ビリーフとスピリチュアル・クライシス

またビリーフには様々なレベルのものが存在する。「もしこれをしたら、こうなるに違いない」といった日常的な判断を行う上での仮定のようなものから、例えば「自分の存在意義は、経済的に家庭を支えることにある」といった、いわば生きがいを支えているようなビリーフまである。本論では後者のビリーフを「基盤的ビリーフ」と呼びたい。いわゆる宗教的信仰も、この基盤的ビリーフの一種と考えられる。本章の冒頭で言及した「スピリチュアル・クライシス」は、いわばこの基盤的ビリーフが何らかの理由で機能不全に陥り、その人の主体的生のプロセスが困難になった状態である。たとえば「自分の存在意義は、経済的に家庭を支えることにある」との基盤的ビリーフを有する人が病に倒れ、もはや仕事への復帰が不可能となり、生きがいを失った場合もスピリチュアル・クライシスと言えよう。あるいは生きがいの源となっている大切な人の喪失も、一種のスピリチュアル・クライシスである。その場合には、たとえば「自分の生はその人を支えるためにある」との基盤的ビリーフが機能不全に陥った状態と見なすことができる。

(3)ビリーフの目的

そもそもビリーフは何のためにあるのだろうか。価値についてのビリーフを例に考えてみよう。私たちは自らの主体的生のプロセスの中で、同じような状況と繰り返し直面し、しかもそこでの判断内容がほとんど同じ場合には、「どのような状況ではどのように判断する」という価値判断の自動プログラム、いわば「ビリーフ・プログラム（Belief-based Program）」とも言うべきものを生成し活用するようになる。これが価値についてのビリーフである。それにより、そのつど価値判断の全プロセスを経ることなく自動的な判断・対応が可能となる。これは主体的生のプロセスの一種の合理化である。世界観についてのビリーフの場合も同様である。私たちは、過去の経験に基づいて、自分自身の主体的生を実践する上で有効な世界観、いわば世界観のビリーフを生成し活用することで、自らの知覚から世界観を生成するプロセスを省略していることが少なくないが、これも一種の合理化と言える。このように、私たちのビリーフ活用の目的の一つは主体的生のプロセスの合理化にあると考えられる。

3　スピリチュアル・クライシスと向き合う

(1) ビリーフの再構築

スピリチュアル・クライシスでは、一般的にその状況・環境下で有効な新たな基盤的ビリーフの再構築が望まれることになる。その実現のためには既存の基盤的ビリーフの見直し作業が必要となる。しかしスピリチュアル・クライシスにおいて、見直すべきビリーフの範囲は必ずしも明らかでない。確かに、クライシスに陥った場合、その直接的な原因となっているビリーフを特定することは不可能でない。たとえば前述の例で言うならば、「自分の存在意義は、経済的に家庭を支えることにある」とのビリーフの機能不全が、そのクライシスの直接の原因となっていることを見出すことは、さほど困難でないだろう。しかしビリーフの多くは、他の様々なビリーフと互いに関連し合っている。見直すべきがそのビリーフのみなのか、あるいはそのビリーフを支えている、さらに基盤的な人生観や死生観などのビリーフまでも含むかは、実際にその作業を進めてみないとわからないことが多い。その場合には、自らのビリーフ全体を一から生成・分節し直すようなつもりで根本的に見直していくしかない。その作業はいわゆる内省を通じて行うことが基本となるが、しかし前述のように、ビリーフには日々の主体的生の繰り返し部分の合理化を通じて生成される面があることを考えるならば、新たなビリーフを見出す上でも、日々の生の実践を通じた試行錯誤の重要性も明らかであろう。すなわちビリーフの再構築には、日々の生の「実践」と「内省」の往復運動が必要と考えられる。

（2）「純粋分節」の実践とスピリチュアリティ

スピリチュアル・クライシスにある人は、「ビリーフの再構築」という課題と同時に、新たな基盤的ビリーフが見出されるまでの間、「基盤的ビリーフなしの状態での主体的生の継続」という課題とも直面することになる。この二つの課題と向き合っていく上でのキーワードが「純粋分節」である。前述のように、ビリーフを活用した在り方は、一種の合理化された在り方と言える。しかし一方で、それは主体的生のプロセスの一部を、ビリーフ・プログラムに肩代わりさせ省略している状態である。むしろビリーフに依存せず自らの主体的生を分節していく在り方の方が、自らの生と主体的に向き合うという意味では、より本質的な在り方と言える。それはすなわち、世界をどう捉えるべきか、どのように価値判断すべきかについて規定されていない状態、いわば素の自分であるがままの現実と向き合う中で、一瞬一瞬主体的生を分節していく在り方である(8)。本論では、そのような形での主体的生の分節を、主体的生の「純粋分節」と呼びたい(9)、(10)。

純粋分節に基づいた主体的生は、いわばその持てる知恵や能力を最大限発揮し、試行錯誤しつつ生きていく創造的な生である。本論では、そうした純粋分節の働きを支える一種の生命力のようなものとして「スピリチュアリティ」なるものを想定したい[11]、[12]（小西、二〇一一）。それは一体いかなるものか。ここで人間を一種の生命体と捉えてみよう。その場合、そこにはある種の生命力のようなものが働いており、それが普段の生命活動を維持すると同時に、その個体が生命の危機に陥った場合はその生命力なるものが顕著に働き、その生命を存続・維持させていると考えることも可能である。仮にそうした人間の生物学的生のダイナミクスと主体的生のダイナミクスとの間にある種の対応関係があるとするならば、スピリチュアル・クライシスにおいて、その人の主体的生を支える一種の生命力としてのスピリチュアリティが、生物学的な側面のみならず、その人の内面をも通じて働くと想定することも不可能ではないだろう。スピリチュアリティは、また個体の範囲を超え、その集団やその外界、世界との関係性のダイナミクスを有するものとして捉えることもできる。さらにはいわゆる宗教の世界観に典型的に見られるように、そこに「神」や「仏」といったいわゆる超越的な存在や次元を想定することも可能である[13]。

4　スピリチュアルケアの実践

前節では、スピリチュアル・クライシスにある人が、①基盤的ビリーフなしでの日々の主体的生の実践、および②基盤的ビリーフの再構築の二つの課題を抱えていることを述べたが、主としてそれらをサポートしていく行為がスピリチュアルケアである。具体的には、ケア対象者が言語活動などを通じて自己表現していき、それに対してケア提供者がタイミングよく適切な反応を返すことで、ケア対象者の主体的生の純粋分節をサポートしていく。

(1)　日々の主体的生実践のサポート

スピリチュアルケアでは、まずケア対象者の気持ちや考えの整理をサポートしていくことが基本となる。それがその人の主体的生のプロセスの促進へとつながっていく。人間には、話を他人に聴いてもらうことで気持ちや考えを自ら整理していけるという性質がある。それゆえケア提供者は、まずはケア対象者の話を共感的に聴いていく中でそのプロセスをサポートしていく。しかし精神的な困難にある時、人は視野狭窄に陥りやすく、発想も固くなりがちである。そこでは物事を、より大局的な視点から捉えたり、あるいは発想を柔らかくするサポートが必要である。特に一人の個人の物事を捉える視点の数はごく限られている。それゆえケア提供者がケア対象者の話を聴いていく中で、ケア対象者にない視点からの知見をケア対象者に返していくことも有効である。そしてケア対象者の語りが、不確かな根拠や決めつけに基づいているとみられる場合、あるいはその論に明らかな論理的矛盾が含まれる場合には、その点についての再吟味へとケア対象者を促す必要がある。さらには、話の内容からおのずと導出される論理的帰結をケア対象者に返していくことで、ケア対象者の考えが整理される場合もある。

ケア対象者の語りのトピックは、ケア対象者自身が決めることが基本である。しかし一般的には、スピリチュアル・クライシスの原因となった出来事から現在に至るまでの経緯、そして自分がそれらとどのように向き合い、そこでどのようなことを感じ・考えたのか、また今後についてどのように考え、どうしていきたいか、といった内容が中心となる。そうした事柄についての語りをサポートしていく上でのポイントは、ケア対象者が①「現実をどう捉えるか」、そして②「自分は何に価値を置くのか」あるいは「自分はどうしたいのか」を明確化していくことにある。前述のように、人は絶えず直面する現実において、そのつどの「適応／自己表現」が求められる。そして「適応／自己表現」の実現は、「自分が価値を置くものを実現する上での肯定的な意味合いを現実に対して見出せるか」にかかっている。たとえば現実を変えることができない状況の場合、肯定的な意味合いを現実に対して見出すためには、①「現実をどう捉えるか」を見直すか、あるいは②「自分は何に価値を置くのか」を見直す必要がある。現実を変えることができる場合には、前述の②「自分は何に価値を置くのか」に加えて、③「現実をどのように変えられるか」についても検討する必要がある。それらが明確になると、直面している状況において「どうするか」「どうすべきか」といった意思決定を見出すことができる。たとえば前出の例でいうならば、家族との時間についての「これまでの人生の中で得られなかった、家族とじっくりと時間を過ごすまたとない機会」との捉え方（＝「現実をどう捉えるか」）を見出し、その中で「家族との時間こそが自分にとって大切なもの」（＝

「自分は何に価値を置くのか」）が明確になることで、「家族との時間を可能な限り密度の濃いものにする」（＝意思決定）が見出される、といった具合である。

（2）ビリーフ再構築＝「気づき」のサポート

ここで言及した「現実をどう捉えるか」は一種の世界観を、また「自分は何に価値を置くのか」は一種の価値観を意味するものである。それゆえこれらについて純粋分節していくプロセス自体が、現在置かれている状況・環境下での世界観や価値観についてのビリーフ再構築の基本的プロセスを成すものとなる。ビリーフ再構築をさらに深いレベルで行っていく場合には、その人の半生、いわゆる「ライフ・ヒストリー（Life History）」の振り返りが有効である。それは一般に「ライフ・レビュー（Life Review）」と呼ばれる。そこではケア対象者が、幼少期から現在に至るまでのプロセスについて、出来事の事実関係のみならず、自分がそれらとどのように向き合ってきたのかという、いわば主体的生の歩みを見ていくことである（小西、二〇一二）。それは自らのビリーフ形成の歴史の振り返りともなる。なぜならばビリーフには、ライフ・ヒストリーを通じて形成されるものが少なくないからである。いわゆる「世界観」「人生観」「価値観」「死生観」「宗教観」や、自己のアイデンティティに関するビリーフもその中に含まれる。ライフ・レビューの中では、自分の人生に大きな影響を与えた出来事などに焦点を当てていく。また一般にビリーフ形成上、親の果たす役割が非常に大きいため、親との関係性の歴史の振り返りも重要となる。ライフ・レビューを通じて包括的に自己の既存ビリーフを見直していく中で、新たなビリーフの、より深いレベルでの分節が試みられていく。

そうしたプロセスの結果ビリーフが再構築されていく(14)。たとえば前出の、病に倒れて仕事への復帰が不可能となった人の場合、「入院生活のためにこれまでより家族との時間が過ごせるようになった」ことに価値を見出したことが、いわば「家族との時間こそが人生にとってかけがえのない時間」との新たなビリーフの構築を意味する。新たなビリーフは、一般に様々な試行錯誤の末に「そうか、そう捉えればいいいんだ！」といったようないわば「気づき」の形で得られる。また一気に画期的な「気づき」が得られることは稀で、むしろ小さな「気づき」を重ねる中でビリーフが再構築されていく場合が多い。「気づき」がいつ起きるかはケア対象者にもケア提供者にも予想できない。また「気づき」は、あくまでもその本人の自覚の問題であり、他人が与えたり、強制したりできるものではない。ビリーフ再構築の作業自体も、ケア対象者の自発性に基づいてなされるべきである。たとえ他の人から見てビリーフ再構築が必要と思われるような場合であっても、もし本人が望まないのであればそれを無理に強制すべきでない。たとえば先の、病に倒れ、仕事への復帰が不可能になった人の例で言うならば、本人が「経済的に家庭を支えること」というビリーフを手放そうとせず、無理やり仕事と関わり続けようとすることは不合理とも言える。しかしそれでも本人が頑としてその生き方を続けようとする場合には、むしろそれに寄り添っていく方がよい場合もあり得る。そのような場面ではケア対象者と提供者の十分なコミュニケーション、およびケア提供者の適切な状況判断が求められる。

5　スピリチュアルケアでのケア提供者の在り方

(1) ケア提供者による純粋分節の実践

ケア提供者は、以下で示す在り方を実践しつつ、いわばケア対象者の「語りのリアリティ」の純粋分節をサポートしていく。ケア対象者の純粋分節をサポートするためには、ケア提供者自身がビリーフから自由な在り方をしている必要がある。なぜならば、ケア提供者自身が特定のビリーフに縛られたままで、ケア対象者のビリーフからの自由をサポートすることは不可能だからである。すなわちスピリチュアルケアでは、ケア提供者自身がビリーフから自由になって純粋分節を実践しつつ、ケア対象者の「語りのリアリティ」と向き合っていくことが求められる。それはケア対象者とケア提供者の両者が共同でケア対象者の「語りのリアリティ」と向き合い、その表現を共同で純粋分節していくプロセス、いわば「ケア対象者の語りのリアリティの共同的純粋分節プロセス」とも言うべきものである。

心の中をまっさらにして聴く

スピリチュアルケア提供者の在り方の第一は、心の中をまっさらにしてケア対象者の話を聴いていくことである（小西、二〇一一）。私たちは口にせずとも心の中でおしゃべりを続けている場合が多い。しかし他者の話を聴こうとする際にもそうした状態であったとしたら、話をあるがままに聴いていくことはできない。これはスピリチュアルケアに限らず、人の話を真剣に聴く際の基本とも言えよう。

価値判断なくあるがままに聴く

第二は、ケア提供者が自らのビリーフにもとづいて価値判断することなく、あるがままにケア対象者の話を聴いていくことである（小西、二〇一一）。それはたとえるならば、紙が無造作に丸まったものが床に落ちていた場合、それを無意識的に「紙くず」と見なすのではなく、あるがままの事実のまま「紙が丸まったもの」と捉えることに似ている。すなわち、あくまでもラベリングや価値判断をせずにケア対象者の「語りのリアリティ」をあるがままに見ていくのである。例えばケア対象者が過去に社会的に問題ある行為をした人であったとしよう。ケア提供者はそうした場合でも、その人を「よくない人」とラベリングしてしまうのではなく、むしろ「もし自分がそのケア対象者とまったく同じ環境に生まれ育ち、まったく同じ経験をしてきたならば、自分もそのようになっていた／そのように行動していたかもしれない」といったように、その人の境遇を誰もが経験し得るものと受け止め、あくまでもその人に寄り添っていくのである。人はそのような形で話を聴いてもらえると、自分があるがままに受容されたと実感でき、それまで握りしめていたビリーフを手放して素の自分が出せるようになり、純粋分節もしやすくなる。しかし価値判断なく聴くことは容易ではない。なぜならば私たちは無意識的にビリーフ・プログラムにもとづいて価値判断を行っているからである。自分が特定のビリーフを押しつけていないか、会話中もケア提供者自身が絶えず自己チェックしていくことで、それは幾分か防ぐことはできる。しかしそれをより徹底するには、後述の「ビリーフの意識化」を主眼とした修行などが必要である。

感性を見開いて聴く

第三は、ケア対象者の話を、その表現の微妙なニュアンスも余すところなく捉えるようなつもりで全感覚・全神経を研ぎ澄ませ、丁寧に聴いていくことである。これは前述の「価値判断なくあるがままに聴く」の実践にもつながる。そこでは感性を繊細に働かせることが求められる。それを色彩の認識プロセスにたとえるならば、プロの色彩デザイナーが何千種類もの赤色を見分けるように、その微妙な違いを繊細に認識する在り方に似ている。ケア提供者はそのようにして捉えた質感を、ケア提供者自身の心の奥底に聴かせるようなつもりで聴いていく。それはまた物事の一回性を捉えていく行為でもある。私たちが日々の出来事を見る場合、「よくある出来事」として見なしてしまう場合が少なくない。しかし厳密に言うならば現実には同じことの繰り返しは存在しない。そうしたいわば一回性を捉えるべく、ケア提供者は一瞬一瞬、新鮮な感性で丁寧にケア対象者の語りのリアリティを捉えていく。それは過去の記憶や未来の妄想に左右されることなく、現在のこの瞬間に在ること、この瞬間に生起するものに集中した在り方である（Leaf, 2001）。私たちは、迫りくる危機に対して物陰に身をひそめている時、心の中のおしゃべりをやめ、あらゆる状況に対応できるよう、全感覚、脳全体をフルに働かせるが、この在り方はそれに通じるものがある。

ケア対象者の話をケア対象者の文脈で捉える

第四は、ケア対象者の言葉の正確な理解と解釈を心がけていくことである。特にスピリチュアルケアでは、ケア対象者の主観的な事柄を扱うが、そうした事柄についての解釈は無数に可能である。たとえば病院の、とある入院患者が「早く退院したいです」と発言した場合、その解釈として「もう治療はしたくありません」「この病院にはいたくないです」「住み慣れた家で時間を過ごしたいです」「家族と会いたいです」「仕事に復帰したいです」といった可能性が考えられる。しかし私たちは、そうした多様な解釈を思いつくことなく、限られた選択肢の中から自らのビリーフに都合のよい解釈を選び取って満足してしまうことが少なくない。しかし正確な理解のためには、相手の言葉が発せられる度に可能な限り多くの選択肢を見出しつつ、それに引き続いてなされる相手の発言を聴いていく中で、それらのうちどれが正しいのかを丁寧に吟味していくようなプロセスが必要である。それはケア提供者がケア対象者の言葉を、ケア提供者自身の体験や生活経験の文脈においてではなく、ケア対象者の文脈において捉えていくための作業である。あるいはケア提供者が自分自身をケア対象者の語りのリアリティの中に正確に位置づけていく作業とも言える。

直観を活用する

こうした在り方を実践する中で純粋分節が実践され、ケア提供者が自らをケア対象者の語りのリアリティの中に正確に位置づけていく中で、ケア提供者の内面にケア対象者に対して返すべき言葉が直観的に浮かび上がってくることがある。それは、たとえば「何となくこの言葉を相手に言った方がいいような気がする／言うべきである気がする／何となくこのことを訊いてみたい」といった感覚である。さらには「これが重要な気がする」「この点についてもう少し掘り下げた方が良さそうな気がする」といった直観が得られる場合もある。経験的に言うならば、そうした直観に基づいたケア提供者の発言が、ケア対象者の新たなビリーフへの気づきのきっかけになる場合がある。ただし同時に、それがケア提供者自身のビリーフの投影に過ぎない可能性も少なくないことから、その実践には慎重さが求められる。またそうした形でのビリーフ押しつけを防ぐ意味でも、次項に述べる「ビリーフの意識化」が有効と考えられる。

（2）ケア提供者の修行法

純粋分節の深化

前述のように、ケア対象者の純粋分節は、ケア提供者自身の純粋分節の実践を通じてサポートされる。ケア提供者の在りようとケア対象者のそれの直接的な因果関係は定かでないが、ケア提供者の純粋分節が徹底するほど、ケア対象者の変容も実現しやすくなる面があると考えられる。それゆえケア提供者は、絶えず自らの純粋分節の実践を求め、その深化を追求していくべきである。そうしたいわば修行の方法論やそのヒントは、様々な伝統宗教、特に東洋の諸宗教の中に多く見られる。[15] それらの実践も、純粋分節実践の深化には有効であろう。

ビリーフの意識化

純粋分節の実践を深めていくための一つの方法論が「ビリーフの意識化」である。それにより、ビリーフからの自由を実現していくことが可能である。ただしそこでの「意識化」とは、知的な意味での意識化というより、むしろいわば「身体的意識化」とも言うべきものである。その実現プロセスは、感情的動揺を伴う一種の自己変容プロセスとも言える。たとえば米国のスピリチュアルケア専門職チャプレンの教育プログラムであるCPE（Clinical Pastoral Education）では、五～七名程度の研修生と一～二名程度の指導者が車座になり、いわゆるグループワークの形でそれを行っていく。[16] その中で研修生は自らの心を深く掘り下げ、自身のビリーフを意識化していく。その手法には様々なものがあるが、最も基本的なものはいわゆる生育歴分析である。それはいわば前述のライフ・レビューを、ケア提供者自身が、より本格的に行うものであるとも言える。他には会話記録分析やIPR（Inter-Personal Relationship）などがある。それらは精神的負担が大きいプロセスであるため、それを受けるにあたっては、本人の適正や覚悟が問われる。また自分一人で行うことは容易でないため、専門家による指導が必要である（窪寺・伊藤・谷山、二〇一〇、小西、二〇一一）。

6　おわりに

以上、グリーフケアと深い関係にある「スピリチュアルケア」の概要について述べてきた。スピリチュアルケアとは何か、さらにはその実践方法について、言語表現のみを通じて伝えることは難しい。それゆえ本章のスピリチュアルケアの説明はあくまでもその概観とご理解いただきたい。またスピリチュアルケアでは、特にケア対象者の価値観の次元を扱うものであり、それを適切に行うためには前述のＣＰＥのような専門的な修行が必要となる。そこでは一般的なスキルのような専門的知識や技術というよりは、むしろケア提供者自身の存在の在り方が問われる。しかもその作業はケア提供者である限り、絶えず深めていくべきものであり、そのプロセスには終わりがないと言える。スピリチュアルケア提供者は一生の修行者であることが求められる。

注

（1）たとえば、スピリチュアルケアの専門職であるチャプレンの世界で広く引用されている、米国の「プロチャプレン白書」では、「危機に直面した時」、すなわち「身体能力や認知能力、自律性、そして職場や家族の一員としての位置づけを失うこと」などを経験した時、それは「その人の生きる意味や目的、そして人間としての成長ということに深刻なインパクトを与える可能性を持って」おり、人は「そうした危機に対処するための方法として、しばしば自分自身のスピリチュアリティに戻ってくる」としている。そして、そこでは誰もが「自分の生を意義深いものにしよう、そして希望を保持しようともがいて（Strive）」おり、「そうした努力（Effort）をサポートする行為がスピリチュアルケアである」としている（VandeCreek, 2001）。

（2）実際のスピリチュアルケアでは、そこまで深刻な状態に陥っていない人もケアの対象となる。

（3）一般に「自己表現」は芸術活動を表現する際などに用いられるが、ここではそれをより一般化した形で用いている。同様の考え方は清水博の著作に詳しい（清水、一九九六）。

（4）スピリチュアル・クライシスの多くは、状況・環境の急激な変化によって引き起こされると考えられるが、それらが変化しなくとも、その人自身の在り方が変化することで周囲の状況・環境との関係性維持に困難が生じ、スピリチュアル・クライシスに陥る場合も考えられる。

（5）「ビリーフ」は様々な形で使われている一般名詞であり専門用語ではない。ケアにおけるビリーフ概念に注目した一人は、家族看護の権威、ロレイン・ライトである（Wright, Watson & Bell, 1996）。

（6）ここでは「生きがい」を「生きる意味や存在の価値を生み出す源」との意味合いで用いている。

（7）藤沢令夫は「何らかの人間の営みが、あらゆる意味で〝没価値的〟であること、人間にとってのいかなる価値からも中立的であるというようなことは、本来ありえないことである。」「……科学技術は、こうして、人間の生物的生存と行動の直接的な有効化・効率化という価値をそれだけで追求する、効率至上主義の価値観を体現し（ている）」と述べている（藤沢、一九九三）。

（8）「分節」なる概念は、言語論における意味分節の概念を参考にしている。哲学者の井筒俊彦は「分節」概念について次のように説明している。「…なんの割れ目も裂け目もない全一的な「無物」空間の拡がりの表面に、縦横無尽、多重多層の分割線が走り、無限数の有意味的存在単位が、それぞれ自分独自の言語的符丁（＝名前）を負って現出すること、それが「分節」である。我々が経験世界（＝いわゆる現実）で出遇う事物事象、そしてそれを眺める我々自身も、全てはこのようにして生起した有意味的存在単位にすぎない。」（井筒、一九九三）一瞬一瞬の主体的生、あるいは意識活動が生成してくる様子も、この分節イメージで捉えることが可能である。本論での「分節」概念は、特にこの井筒の考え方を参考にしている。

(9)「純粋分節」という表現は、いわば「純粋な」分節の方が好ましいとの価値判断が含まれている印象を与えるものであるが、本論での用法にはそうした価値判断は含まれていない。

(10)純粋分節が、果たしてどれだけ「純粋な分節」であるかは程度問題であり、それは分節の際のその人のビリーフからの自由度に比例するものと想定される。しかし完全にビリーフから自由な分節、いわば「完全なる純粋分節」なるものは現実的には不可能であろう。例えば基本的な世界観に関するビリーフは人間の精神活動に不可欠である。人が他者と世界観をまったく共有することなしに共同生活を営んでいくことはできない。また純粋分節は、それまで主体的生を支えてきたビリーフを手放すことを前提とするため、決して容易なことではない。ビリーフからの自由の問題は、仏教の基本課題としての「我執からの自由」の問題とも関連してくる。

(11)日本におけるスピリチュアルケアの先駆者の一人である窪寺俊之は、スピリチュアリティを「人生の危機に直面して生きる拠り所が揺れ動き、あるいは見失われてしまったとき、その危機状況で生きる力や、希望を見つけ出そうとして、自分の外の大きなものに新たな拠り所を求める機能のことであり、また、危機の中で失われた生きる意味や目的を自己の内面に新たに見つけ出そうとする機能」としている（窪寺、二〇〇〇）。

(12)ベグリーは、脳内神経細胞同士の結びつきのパターンが思考をつくり、感情を支え、人格を形成するとし、また脳内には、その結びつきを状況に応じて変化させていく能力があり、それを「可塑性」と呼んでいる（Begley, 2007）。今後の議論では、ここでの神経細胞同士の結びつきパターンをビリーフを構成するものとして、また脳の神経細胞の可塑性を支えている一種の生命力をスピリチュアリティとして捉える見方も検討に値すると思われる。

(13)スピリチュアリティの働きの程度は、その主体的生の純粋分節の徹底度合い（どれだけビリーフから自由な分節がなされるかという、純粋分節のいわば「純度」）に比例するようなものとして想定される。

(14)ビリーフの再構築という考え方は、スピリチュアルケアのみならず、いわゆる心理／精神療法でも見られるものである。たとえば認知療法では「認知の歪みの是正」、交流分析では「脚本の修正」などと言われるが、たとえば前者の場合の「認知」、後者の場合の「脚本」を、本論で言うところのビリーフの一種と見なすことが可能であり、そうした心理療法が行っていることも一種のビリーフ再構築のサポートであるとも言える（氏家・成田・東山、二〇〇四）。それらと比較した場合、スピリチュアルケアにおけるビリーフ再構築の特徴の一つは、スピリチュアリティの機能が重視される点にある。もう一つは、主体的生としての視点が重視される点である。本論では、ビリーフ再構築の目的がスピリチュアル・クライシスの乗り越えといった、ある一定状態の実現にあるかのような印象を与える表現となっているが、スピリチュアルケアの第一義的な視点は、むしろ再構築のプロセス自体を、その人のかけがえのない主体的生の歩みの一部とみなす点にある。したがってスピリチュアルケアでは、再構築されるビリーフの選択も基本的にその人の生き方の問題と捉え、ケア提供者がビリーフが「どうあるべきか」を規定すべきでないと考える。

(15) たとえば、自我からの自由と「真の自己」への目覚めを求める禅仏教の修行も、その一つと考えられる。

(16) ＣＰＥは全米の約三五〇もの施設（病院など）で提供されており、米国のみならず世界中から様々な宗教的背景をもった人たちを受け入れている。すでにその設立から六五万人もの卒業生を輩出している（Surbone, Konishi & Baider, 2011）。

第5章　臨床心理学における悲嘆

横山恭子

1　はじめに

（1）臨床心理学と悲嘆

臨床心理学に携わるもので、「悲嘆」と関わらないということは、まずあり得ないことであろう。私たちが日常接しているクライエントの中には、「悲嘆」の問題を訴えて来談される方もいるし、他の症状や悩みを訴えていらっしゃる方の中にも「悲嘆」が大きく関与している方もいる。

そもそも臨床「clinic の語源であるκλινηとは寝台を意味し、ベッドで寝たきりの病人や死の床まで洗礼を延ばす人を意味するようになった」（鷲田他、二〇〇四）という。それゆえに、「『臨床』

とは、治療を施す、治すという能動的意味よりも、病床で苦しむ他者に寄り添い、苦痛を共有するというパトス（受動）的なニュアンスが濃厚である」（鷲田他、二〇〇四）と考えられることからも、臨床／「悲嘆」とは無縁ではあり得ない。もちろん、臨床心理学のみが悲嘆と関わる訳ではなく、臨床／ベッドサイドに関わるすべての専門職にとって、悲嘆とどう関わるかということは重要なテーマであろう。

臨床心理学・精神医学の世界では、これまでに主として喪（mourning）、悲嘆（grief）という用語を中心に研究が行われてきている。その際に、アタッチメント理論を考えることなしには悲嘆について考えることはできない。さらに、実践研究の分野では、遺族カウンセリングと関わるような死別体験の研究、そこから派生する複雑性悲嘆に関する研究、ＰＴＳＤや被害者支援に関わる外傷性悲嘆の問題や近年高まっているレジリエンス研究、自身の死とどう向き合うかというプロセス研究や緩和ケアに関する研究、その他のさまざまな慢性あるいは急性の喪失体験などにおいて悲嘆へのアプローチが考えられてきており、それぞれ細やかな配慮と工夫が検討されてきている。ここでは、これまでの研究の歴史と治療的アプローチに関する概説を行うこととしたい。

2 「悲嘆」に関する心理学的研究の展開

(1) 喪 (mourning) と悲嘆 (grief)

S・フロイトは『喪とメランコリー (Trauer und Melancholie)』(Freud, 1917) の中で、喪 (Trauer) を正常な情動として記述している。

喪は通例、愛された人物や、そうした人物の位置へと置き移された祖国、自由、理想などの抽象物を喪失したことに対する反応である。(中略) 喪には正常な生活態度からのはなはだしい逸脱がともなうにもかかわらず、わたしたちは喪を病的な状態とみなして医師の治療に委ねようなどとは少しも思わない。わたしたちは、喪は一定の時間が経てば克服されると信じており、喪の邪魔をすることは役に立たないばかりか有害でさえあると考えている。

ここでフロイトは、喪というのはごく自然なもので、臨床的介入が必要ではないものとして扱っている。この考え方は、基本的には今も有用であり、レジリエンス研究の流れにもつながりうるものである。だからといって、フロイトが喪を軽いものだと考えているわけではなく、「喪の気分は『痛い』と呼ぶ比喩に賛同を示したい」とも述べている。

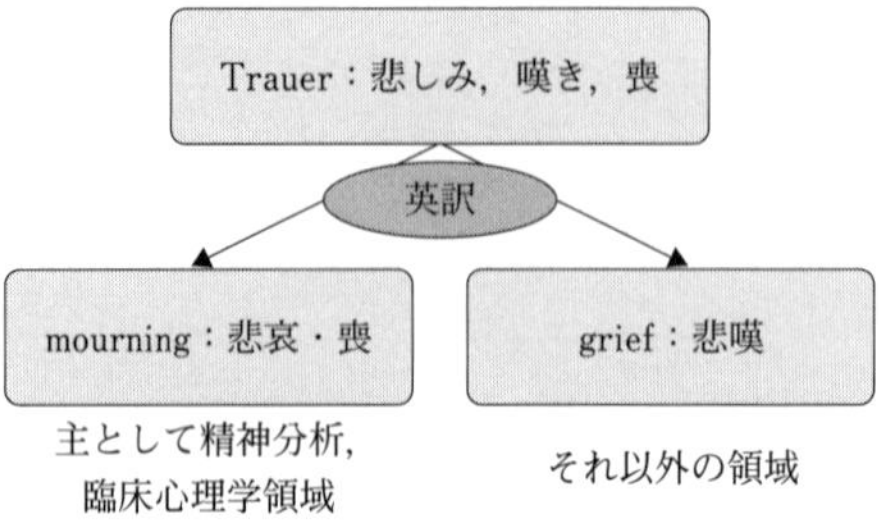

図 5-1　mourning & grief

山本（1996）を基に横山が作図。

表 5-1　mourning & grief

mourning	grief
悲哀・喪：「悲しむ」という主体的活動としての側面を強調＝精神的な営み、経験のプロセス 大切な何かを喪失した後、 1．心理的な悲痛を克服していく心理的過程＝mourning process 2．その過程で営まれる精神内界の闘いや対処行動＝mourning work	悲嘆：「悲しみ」という情緒的状態としての側面を示唆＝喪失に伴う情緒的反応 （喪失に伴う）悲哀の仮定で生じる情緒的反応を総称的に表示する用語 • 悲しみ・怒り・後悔・罪悪感・抑うつなどを含む複合的な感情をさす

山本（1996）を基に横山が作図。

　フロイトがこの論文の中で扱ったのは Trauer であり、これは日本語に置き換えれば悲しみ、嘆き、悲嘆ということになる。この Trauer を英訳する際に、主として精神分析やそれに関係する臨床心理学の領域では mourning という用語があてられ、それ以外の領域では grief という用語があてられたことから、この二つの用語が使い分けられる状況が生じてきた（山本、一九九六）。

　その後、今日に至るまでに、喪（mourning）というときには、「悲しむ」という主体的活動としての側面が強調されているようになっていった。大切な何かを喪失した後、心理的な悲痛を克服していく心理的過程は「喪／悲哀のプロセス」(mourning process) と呼ばれ、その過程で営まれる精神内界の戦いや対処行動は「喪／悲哀の仕事」(mourning work) と呼ばれてそれぞれ研究されていった。一方で、悲嘆 (grief) は、「悲しみ」という情緒的状態としての側面が強調されていった。すなわち、ここでは喪失に伴う情緒的反応が扱われることになった。悲嘆で扱われるのは、悲しみ、怒り、後悔、罪悪感、抑うつなどを含む、複合的な感情であると言えるだろう(山本、一九九六)。

(2) 悲嘆と失われた対象

フロイトは、喪のプロセスを、無に帰した対象への自らの拘束を非常に緩慢に一歩一歩解除するプロセスとして捉えている。すなわち、対象を断念するということである。

フロイトの弟子の一人であるK・アブラハムは、対象喪失や喪の仕事に関する研究でフロイトに影響を与えた人物であるが、フロイトの「断念」という概念とは異なる考察をしている。彼は、「愛する人を失ったショックは、喪失対象を無意識的に〝取り入れる〟という過程によって和らげられる」と考えたのである (Abraham, 1924)。喪の仕事とは、失った対象を自己の中に取り入れ再建する心理的過程であるとする彼の考え方は、対象を内在化するというその後の対象関係論の発展の中に受け継がれていくことになる。そして、失われた対象と新しい関係を結び直すという現在のグリーフケアやグリーフ・セラピーの考え方の源であると考えることもできよう。

このような失われた対象との関係について考える時、その基盤となるのは対象との「アタッチメント」の問題である。

（３）アタッチメント理論と悲嘆

アタッチメントとは、特定の人物との間に緊密な情緒的結びつきを形成しようとする多元的な試みのことである。この「アタッチメント」という概念と「喪失」という概念は、研究の始まりから密接な関わりをもっている。ここでしばしばその訳語とされる「愛着」という言葉を用いず、あえて「アタッチメント」としているのには理由がある。「愛着」は本来仏教用語であり、ボウルビィの「アタッチメント」概念が入ってくる以前から日本語としての情緒的な意味が付随している言葉である。この「愛着」という日本語に由来する混乱も生じやすいことを考慮して、ここでは心理学用語としての「アタッチメント」という言葉で説明する。

アタッチメント研究を確立したＪ・ボウルビィは、第二次大戦後のイタリアの乳児院や児童養護施設で、孤児の発達の遅れや罹病率や死亡率の高さ、適応不良などについて、ＷＨＯの依頼をうけて調査に加わり、離別の経験による急性の悲嘆に対する注意を促した。ボウルビィは失われた対象との間の「絆」に注目し、喪失体験がどのように体験されていくのかに関する観察を行い、後述するような段階（phase）を考えた。この、子どもにとっての養育者の剥奪体験とそのプロセスは、喪/悲嘆を研究していく基礎となる研究の一つである。

アタッチメントの性質は、喪のプロセスに間接的に影響を与える媒介要因の一つとして考えられているし、他の媒介要因の一つであるパーソナリティ変数においてもアタッチメント・スタイルは重要な役割を演じている（Worden, 2008）。

アタッチメント理論は「情緒的絆/関係性モデル」から「行動システムモデル」へ、さらには「内的表象/内的作業モデル」へと捉え方が変化した。この内的表象/内的作業モデルとしての捉え方は、前述した対象関係論と関わるところでもある。子どもが養育者から離れて行動できるようになる過程には養育者の内的表象が保持できるようになることが関与していると考えられているし、大切な対象を失った痛みが疼いていても通常の生活を送ることができるようになるためには、その対象が内在化されることが重要な意味を持つと考えられている。そしてこれらの内在化された対象は重要ではあるけれども心を占有しないということも大切な共通点であると思われるので、この二つは非常に似通ったプロセスをたどる部分があることは容易に考えられることである。しかしながら、喪失体験をすべてアタッチメントモデルで説明することには十分に留意されたい。というのは、ボウルビィの考えた「アタッチメント」は、「捕食者からの保護」であり、「自分は安全であると生存を保障するメカニズム」であり、あくまでも「安全基地」としての側面を有している。その意味から考えると、情緒的絆を有するすべての関係を「アタッチメント」と呼ぶことは誤りであり、アタッチメントで説明できるのは、原則として保護し保護される縦の関係ということになる。内的表象／作業モデルとしてのアタッチメントについて考えるときにも、常に、そもそもが「安全基地」なのだという役割を考慮に入れておく必要があるだろう。

3　死別体験研究

悲嘆に関する研究は、主として死別体験や遺族ケアを中心に展開されている。ここではまず、死別体験研究について概説したい。

（1）悲嘆反応の研究の始まり

フロイトは mourning work という言葉を用いて、対象喪失に関する記述を行ってはいるが、grief work という言葉を初めて用い、悲嘆反応に関する体系的な研究を行ったのはE・リンデマンである。リンデマンは外傷的な体験に対する心的反応としての急性悲嘆に注目し、これを記述した（Lindemann, 1944）。リンデマンがこの研究を発表したのは一九四四年である。これは、一九四二年のボストンでのココナッツグローブナイトクラブの火災という、火災調査の歴史に残る大災害の遺族や近親者を含む、一〇一名のインタビューから構成されている。ただし、この調査の背景には、第二次世界大戦での戦闘犠牲者によって誘発された悲嘆反応の増加があったことも記述されている。

リンデマンは急性悲嘆反応を、心理的・身体的特徴をもつ、確固とした一つの症候群であるとした。これは、危機に引き続いて現れる場合もあるし、遅延して現れる場合もあり、誇張されて表現される場合も、外見に現れない場合もあるし、歪曲されている場合もあるとしている。この、急性悲嘆反応の特徴は、

①身体的苦痛
②死者のイメージに心を奪われること：軽い非現実感を伴う。
③罪責感
④敵対的反応：暖かさの消失、焦燥感と怒りのしぐさで応じる傾向。
⑤行動のパターンの喪失：組織的な行動パターンを開始し維持する能力の痛ましいまでの欠如、
　社会的交流の慣習の喪失など。

であり、上述の五つほどには顕著ではないが、失った対象の行為の取り込みが認められるとしている。

リンデマンは、同じ論文の中で、「予期的悲嘆反応」についても述べている。これは、家族の一員が戦争のために軍隊に徴集された際などに生じる悲嘆反応であって、突然に襲いかかる死の告知に対する安全装置となる可能性もあれば、再会の際の葛藤にもなりうる可能性があることを指摘している。

（２）病的悲嘆から複雑性悲嘆へ

リンデマンは基本的には死別に対する正常な反応、すなわちクライシスとしての悲嘆を取り上げているのに対して、C・M・パークスは死別反応の中でもより複雑で重篤で慢性化した「病的」悲嘆の状態にスポットライトを当てている。また、必然的に、リンデマンの研究より、より長期間にわたる研究が行われているように読み取ることができる。この「慢性悲嘆」への着目は、パークスの大きな貢献であるといえよう。

「正常な」悲嘆は六ヵ月から一年と言われている。通常、一周忌の頃には、社会生活上の困難を来すことはない。もちろん、パークスが指摘しているように、「当初からボウルビィと私は以下のことを認識していた。死別反応と一口に言っても、人によって大きなバリエーションがあり、だれもが同じように、同じ速度で、喪の過程の各位相を通過するわけでは決してない」（Parkes, 2002 ただし Worden, 2008 による）。

喪の過程が終了に近づいているのを示す指標は、「故人のことを苦痛なく思い浮かべることができる」ことであると言われている。とはいえ思い出したときに心が疼くことが、なかなかなくならないことがあることも知られている。心が疼いたとしても、活動や日常生活の支障にならない程度に抱えられるようになるということである。フロイトが、L・ビンスワンガーに宛てた手紙は、このことを考えさせるのに非常に役立つと思う。一九二六年一〇月一五日付の手紙は、ビンスワンガーの五番目の子どもの死亡通知に対してこう書かれている（Binswanger, 1961）。

あなたのお手紙を拝見しているうちに、まだ完全に眠りについていなかったある記憶が——ばかげていますが——私の心の中によびさまされたからです。おっしゃるとおり私は、愛する娘を二七歳で失いましたが、このときの私は、自分でも不思議なほどよくそれに耐えました。あの一九二〇年というころは、戦争の窮乏生活で困憊し、そのうえ、三人の息子たちの誰かを、もしくは三人ともいつ戦争で失うかもしれないと、年中その覚悟をしていました。そんなときだったので、どのような運命にも忍従する心の用意ができていたのでしょう。しかし、それから二年後の六月二三日、死んだ娘のふたりの遺児のうち、幼い方を急性粟粒結核で失ったときには、全く事情が違っていました。ちょうど子どものない長女がその子をウィーンに引き取って育てていたのですが、まだ三、四歳だというのに、立合医がごく早期に診断をつけられたほど、知的発達の良い子でした。この子は私にとっても子どもや孫のすべてにあたる存在でした。このハイネレの死後、私はもう孫たちを好く気になれず、生きる喜びも失ってしまいました。私が自分の生命の危険に無関心でいた秘密も——他人は勇気といいましたが——実はここにあったのです。（中略）あなたはまだお若いのですから、打撃から立ち直れます。私は駄目ですが。

毎日の分析をこなし、論文執筆を続けていたフロイトではあったが、孫（と娘）を失った心の傷が、知己の子どもの死の知らせを契機にいかに疼いたかを知ることができる。また、ビンスワンガーが長男を突然失った際の死亡通知への一九二九年四月一二日付の手紙では、「このような死別のあとの烈しい悲哀は、いつもまもなく終わりますが、そのあと、故人に代わるもののない、心慰まぬ日々が長く続くものです。ほかのもので代用しようとしても、やはり故人とはどこか違います」(Binswanger, 1961）とある。フロイトの中に疼いていて、容易に記憶に上ってくる痛みが、しみじみと伝わってくる手紙である。それでもこれは、「正常な」悲嘆の範疇のものであろう。

それでは「病的」悲嘆といわれるものは、どういうものであろうか。

通常、死別の直後に感じるような激しい喪失体験が、一周忌（研究者によっては六ヵ月）を超えて遷延している場合、「病的な（pathological)」悲嘆ないしは「複雑性（complicated)」悲嘆と言われ、心理学的ないしは精神医学的援助の対象とするのが一般的である。近年では病的悲嘆という言葉よりも、複雑性悲嘆という言葉の方を用いることが一般的である。というのは、このような状態は質的な異常ではなく、正常な悲嘆と同一直線上にある量的な異常であると考えられているからである（Horowitz et al., 1980)。様々な要因から喪のプロセスの営みに失敗した時、複雑性悲嘆の状態に陥るのである。

喪のプロセスに影響を与える要因として、ウォーデン（Worden, 2008）は以下の七つをあげている。

①亡くなった人は誰か：続柄や親疎の程度、年齢。

②愛着の性質：強さ、安定性、関係における アンビバレンス、亡くなった人との軋轢と葛藤、依

存的関係。

③どのように亡くなったのか：亡くなった場所との距離、突然の予期していない死、暴力による外傷的な死、多重喪失、防ぐことができた死、不確実な死、汚名を着せられた死。

④過去の喪失体験や既往歴

⑤パーソナリティに関する変数：年齢と性別、コーピングスタイル、愛着スタイル、認知スタイル、自我の強さ、想定された世界（信念と価値観）。

⑥社会的変数：情緒的・社会的ソーシャルサポートの利用可能性、サポートへの満足、社会的役割への関与、宗教的資源と民族特有の期待。

⑦連鎖的ストレス

また、複雑性悲嘆と関連するパラダイムとして、以下の四つをあげている。

①慢性悲嘆反応：悲嘆が極端に長く続き、十分な喪の終焉が訪れない時（命日反応のみの場合を除く）。

②遅れた悲嘆反応：喪失した時点において、情動反応があるにはあるが、十分な反応でなかったときに生じる。

③悪化した悲嘆反応：通常の悲嘆反応を増幅して経験して、苦しさに圧倒されたり、不適応行動

に訴えたりする場合。

④仮面性悲嘆反応：ある種の症状や行動に困っているが、それが喪失反応に関連すると言う事実を認識していない。情動を伴わない症状を示すか、パークス（Parkes, 1972, 2006）が述べているような悲嘆の情緒反応と等価な他の症状を示す。

フロイトも指摘しているように、通常の悲嘆反応では、うつ病によく見られるような自尊心の低下は認められない。あったとしても一時的なものである（Worden, 2008）。自尊心の持続的な低下が認められる時や汎化した罪悪感が認められる場合には、うつ病を疑って、専門的な援助につなげることが望ましい。

（3）悲嘆過程の位相説から構成主義モデルへ

喪の過程を記述しようとする試みは、この研究の当初から取り組まれてきている。それらは、位相説というかたちで記述されてきた。「位相」（phase）という言葉に関しては、はじめは「段階」（stage）として捉えられたものが、明確な質的な転換や一定の順序性は見出しにくいとの批判をうけて、「位相」という用語が用いられるようになったものである。

しかしながら、前述したように、近年ではその共通性に注目するよりも多様性に配慮する傾向が強くなってきていて、位相説は批判されてきている。この位相説と、位相説に批判的な構成主義について紹介する。構成主義は、極めて説得的で魅力的なアプローチであると思う。ただし、構成主義というものは、あくまでも位相説があったから発展してきたという側面もあるように思われる。位相説で代表されるような目安を持たないということは、全く何の見通しも持たずに関わるということになるが、果たしてそれは成り立つのか、位相説のようなモデルを主たるルートの一つとして頭においておくことが全く不要かということになると、そこは疑問もある。

位相説はいくつもあるが、ここでは比較的早い時期から記述されている、パークスのモデルを紹介する。

パークスの位相説

①感情の麻痺：喪失直後、喪失という現実を直視せずにいられる。
②思慕：故人が戻ってくることを切望、喪失が取り返しのつかない事実であることを認めたがらない。
③解体と絶望：故人のいない環境で生きていくことの困難さにぶつかり絶望。
④行動様式の再構築

ボウルビィ（一九八〇）も基本的には位相説をとっている。彼は「位相のアイディアをより強化し、遺された人は喪が最終的に解決するまでに、位相を一通り通過しなければならない」とした

（Worden, 2008）。

サンダースの位相説

パークスの位相説をもう少し整理したものとして、C・M・サンダースのモデルもあげておきたい。このモデルは、五つの位相からなっている（Sanders, 1992）。

①ショック
②喪失の認識
③ひきこもり
④癒し
⑤再生

ウォーデンの課題説

ウォーデンの課題説は、基本的な考え方としては位相説を踏襲していると言えるだろう。ただしウォーデンは「位相（phase）」ではなく「課題（task）」という言葉を用いることがより有効であると主張している。「位相」という言葉は、「人が通過するべきものという受動的な考え方を含んでいる」。一方で「課題」という概念は、フロイトの喪の「仕事（work）」の概念に近く、「遺された人は何かしらの行動を起こす必要があり、またそれを実行する力があると言う能動的な考え方」であるとしている。ウォーデンのあげている四つの課題は、

①喪失の現実を受け入れること。
②悲嘆の悲しみを消化していくこと。
③故人のいない世界に適応していくこと：外的適応、内的適応、スピリチュアルな適応（壊れた意味世界への認知的な適応）。
④新たな人生を歩み始める途上において、故人との永続的なつながりを見いだすこと。

R・A・ニーマイヤーの構成主義（Neimeyer, 2001）

ニーマイヤーは、「グリーフ行為には規則的なパターンがあり、グリーフの反応が病気の症状のような決まった形で存在する、という説は疑ってかかるべき」「人々が喪失によって示す特別な感情の反応、連続性、持続期間は、人によって大幅に異なっているのが実情」（Neimeyer, 2002）と主張する。これは、パターンから外れるものを「異常」「病的」とみなそうとする姿勢への批判でもあり、また従来の悲嘆理論が感情反応をその主要な位置づけにしていることに対する批判でもあり、悲嘆を人間関係のネットワークによらないで処理しようとしている傾向に対する批判でもある。

ニーマイヤーは基本的に「グリーフ行為における中心的なプロセスは、意味の世界の再構成であ

る」という前提に立っている。

彼の理論の前提となっているものを以下にあげると

①事象としての死において、私たちの生き方に関わる基本姿勢ともいうべき「構成」が、死を受容するのに有効であるか無効であるかの決定を下す場合と、死を処理する能力を欠いているためまったく未消化のまま据え置きにする場合がある。

②グリーフは個人的なプロセスであり、そのプロセスは百人百様で個人差がある。グリーフを「自分はこういう人間だ」と思っている自己認識から切り離しては考えられない。

③グリーフ行為とは、私たちが能動的に「何かをやる」ことであり、受動的な、「何かが私たちの身の上に起る」ことではない。

④グリーフとは、喪失によって様々な課題を抱えながら、自分の意味体系、すなわち「意味の世界」を認識し直し、新規にその体系ないしは世界を再構成することである。

⑤感情には機能がある。人々は自分たちの「構成」が適切かどうか問われるような問題が生じたときに、何とかつじつま合わせしようと努力する。そういう状況を知らせるシグナルが感情なのだ。感情とはそのように理解されるべきである。

⑥私たちは喪失の生き残りであり、喪失のたびに、自分のアイデンティティを他者との折衝で、構成、再構成しながら今日に至っている。

ニーマイヤーの主張は明確で妥当であり、非常に説得力を持つものである。喪失体験を持つ者にとっては、その個別性を強調されることの有効性も意味があるように思われる。ただし、従来の位相説や課題説を主張してきている研究者／実践家たちの行ってきていることに対する彼の理解には多少の疑問が伴う。有能な臨床家の多くは、実際にはニーマイヤーが主張するような意味でのリジッドな位相説の理解／適用をしてきているとは思われないし、体験の中に意味を見いだそうという作業は、彼のいうように人の基本的な欲求の一つでもあるので、ある意味で当然のこととして現場では行われてきているところもあったのではないだろうか。たとえばこの再構成は、近年アメリカで大きな流れとなっているポジティヴ心理学の中で、ポスト・トラウマティック・グロース（外傷後成長）とも大きな関連を持っている。しかしながら、トラウマや病気に意味を見出すという考え方は、ユング心理学の基本的な考え方の一つでもある。ただ、そこの部分を別の文脈で理論化し、特化してきているところは彼の大きな業績であるように思われる。

(4)　死別対処の二重過程モデル

シュトレーベとシュッツは、死別に対するコーピングを、喪失と回復の二重過程モデルで捉えることの有効性を主張した（Stroebe & Schut, 1999, 2005）。喪失指向のコーピングと回復指向のコーピングは、全く逆の方向の二つのプロセスであり、この二つのプロセスに同時に取り組むことはできないが、行きつ戻りつしながら、喪失は統合され急性悲嘆が鎮まっていくことを示した。援助をする際には、この二つの全く逆のコーピングそれぞれに配慮をしていくことは、確かに有効であろう。

4　グリーフ・カウンセリングとグリーフ・セラピー

グリーフ・カウンセリング（Grief Counseling）とグリーフ・セラピー（Grief Therapy）という用語を使い分けているのはウォーデンである。彼は、複雑でない、通常の悲嘆に対してはグリーフ・カウンセリングを、複雑性悲嘆に対してはより専門的なグリーフ・セラピーを提唱している。

もっとも、死別体験のある人すべてにカウンセリングが必要だということは全くないし、悲嘆は経験者ごとに異なる。ウォーデンはパークスの以下の言葉を引用しているが（Worden, 2008）、これは支援にあたろうとする者にとって、心に留めるべき言葉である。「すべての死別経験者がカウンセリングから利益を得るなどという根拠はない。そして、研究によれば、死別の苦しみにあるからと言う理由だけで、形式的にカウンセリングに紹介しても、何も得るところがない」。

もちろん、自発的に援助を求める人にはより効率的に援助ができるだろう。その他には、「よき隣人」といったような伝統的なソーシャルサポートがうまく機能していない人や、さまざまな危機が併存している人などには援助が考慮されるべきであろう。

パークスらは、特に配慮を必要としている家族成員を見つけ出すために、以下の八つの死別危機の予測因子を用いた（Parkes & Weiss, 1983）。これらの因子のいくつかが死別後四週間目のアセスメントで確認できれば，その人は介入の必要のある人と見なされるという。

①家庭に幼い子どもを抱えている。
②低い社会層に属している。
③仕事に就いていない，就いていてもパート程度である。
④強い怒りの感情がある。
⑤激しい思慕の情がある。
⑥強い自責の念がある。
⑦現在の人間関係が乏しい。
⑧助けを必要としていると査定から判断される。

この予測因子が，日本の社会でどの程度の妥当性をもつのか確認できていないが，参考になるだろう。

（1）グリーフ・カウンセリング

「グリーフ・カウンセリングは，喪の課題を促進することに狙いがある」とウォーデンは述べている（Worden, 2008）。「その結果として遺された人は喪失にうまく適応していく」。グリーフ・カウンセリングを有効に行う場合のガイドラインを、彼は以下のように述べている。

①喪失が現実に起ったことと認識するのを援助する。
②遺された人が自らの感情を確認し、味わうのを援助する。
③「故人がいない世界」で生きることを援助する。
④喪失体験の意味を見いだす援助をする。
⑤故人の情緒的な位置づけのやり直しを促進する。
⑥悲嘆の営みに時を与える。
⑦「普通の」悲嘆行動について説明する。
⑧悲嘆には個人差があることを考慮する。
⑨防衛とコーピングスタイルを検討する。
⑩病的悲嘆を見いだし、より詳しい専門家に紹介する。

（2）グリーフ・セラピー

ウォーデンは、グリーフ・カウンセリングに対して、グリーフ・セラピーは「分離葛藤」を確認しそれを解消していくことに狙いがあるとしている。この分離葛藤が、前述した慢性悲嘆、遅れた悲嘆、悪化した悲嘆、仮面性悲嘆を呈している人たちの喪の課題の遂行を妨げているからである。分離葛藤を解消するためには、これまで回避してきた感情や考えに向き合う必要があり、そのためにはセラピストはソーシャルサポートを提供するし、亡くなったときに十分悲しむことが許されていなかったときには悲嘆の場を与えることも重要となる。

ただ、グリーフ・セラピーを行っている間に、背後に隠れていた深刻な病理性が顕在化することがあるし、その場合には悲嘆を直接扱わない対応が相当な期間必要になってくるので、初回面接でのアセスメントは非常に重要である（Worden, 2008）。当然のことながら、セラピーを行うことができるのは、そのようなアセスメントが可能な、専門的なトレーニングを受けたセラピストに限られる。

ウォーデンのあげている、グリーフ・セラピーを行う際の注意事項を以下にあげる。

①身体疾患があれば適用しない。
②面接契約を結び、援助同盟を形成する。
③故人の記憶を蘇らせる。
④ウォーデンの喪の課題の①〜④（一三一頁参照）のうち、どの課題で躓いているのかを見極める。
⑤記憶によって刺激された情動を扱う、または情動が欠如していることを扱う。
⑥「つなぐ対象」を探索し、執着を和らげる。

⑦喪失が決定的事実であると認識することを援助する。
⑧大切な人がいない状況で新たな生活を設計するのを援助する。
⑨周囲との関係を改善するために見立てと援助をする。
⑩悲しむことをやめたらどうなるかを一緒に考える。

いずれにせよ、常にクライエントの感情状態をモニターしながら、セラピストにとってもクライエントにとっても扱うことのできる情動の強さを維持しながら、グリーフ・セラピーを最後までやり抜けるよう配慮していくことが重要となる。技法としては、ゲシュタルト療法のエンプティ・チェアや心理劇の手法が取り入れられていることも多い。これらを取り入れるのであれば、これらの手法に通じていて、その適応と限界をふまえた上で行うことが必要であることは言うまでもない。

(3) 複雑性悲嘆療法

K・シアーは死別をトラウマの形態であり、アタッチメント対象からの分離であると捉えて、アセスメントのためのツールと治療プログラムを開発している。シアーの複雑性悲嘆療法（Complicated Grief Therapy：CGT）は、対人関係療法の枠組みと感情に焦点づけられた戦略に、非適応的信念と行動を取り扱うための認知行動療法技法を取り入れ、人生の目標に取り組み、治療への関わりを増すための、モティベーションを与えて意欲を起こさせるような面接技法である。さまざまな理論を上手に効果的に取り入れている、折衷的な技法であると言えよう（Shear, 2006）。

5　プロセス研究と緩和ケア

遺族の悲嘆を扱うことと、ご本人の「一人称としての死」を扱わざるを得ない緩和ケアとは、しばしばおなじ枠組みで紹介されるが、かなり異なった配慮が求められるものである。

この分野で大きな業績を上げたのは、E・キューブラー・ロスである。彼女は「末期患者に私たちの教師になってくれと頼んだ」。その試みを通して彼女が目指したのは、「患者を一人の人間として見直し」「患者を対話の中へ参加させ」るということである（Kübler-Ross, 1969）。

現代医療の中で、もはや「なすすべがない」末期の患者に対しては、多くの医療者は無力感や罪責感から関わることが困難になり、家族や周囲の人間も「腫れ物に触るように」扱う中で患者本人は疎外されがちになってしまう。このような末期患者に対して、キューブラー・ロスは、ストレートな問いかけを行い、正面から向き合い、自分について語ってもらうことで、末期患者の主体性や自己効力感を回復させようとした。このような試みは、ナラティヴ・セラピーの先駆けとも言えるのではないかと思われる。そして、この働きかけが、彼女の最大の功績と言えるのだろう。

彼女の段階説は、非常に有名である。それは以下のようなものである。

①否認と隔離
②怒り
③取り引き
④抑うつ
⑤受容

しかしながら、まさにその点において、現在ではかなり批判をされている部分があることもまた事実である。例えばニーマイヤーはキューブラー・ロスの考え方を不適当だとして、「少なくとも研究結果からは、喪失体験者が顕著な心理的段階を踏むとか、ましてや特定の心理的状態を系列的に経過するという言い分を裏付ける、信頼性のある証拠は得られていません」「むしろ人々が喪失によって示す特別な感情の反応、連続性、持続期間は人によって大幅に異なっているのが実情です」としている（Neimeyer, 2002）。ただ、キューブラー・ロスの著作を読むならば、彼女は、末期の患者が必ずこの段階を辿るとはいっていないし、行きつ戻りつすること、重なり合って進んでいくことについても述べている。その段階を、無理に押し進めようとしている訳でもなく、受容させようとしている訳でもないように思われる。彼女の抽出したものが、大変明確で説得力を持つ物であった故に、その後一人歩きしてしまった部分が大きかったのではないだろうか。むしろ彼女の出発点では、段階説というよりは、ニーマイヤーの言う「意味論」に極めて近い態度である部分もあるだろう。

基本的に、緩和ケアを必要とされる方への心理的援助は、その方の語りを尊重するナラティヴ・アプローチの態度が取られる。ただ、語りを強制することがあってはならない。あくまでもその方が語りたいときに語りたいことを語っていただくのが基本であろう。心の中のことばかりを覗き込もうとするのではなく、現実のその方の生活や環境とのつながりという「今」を大事にすることについても十分な配慮がされるべきであろう。言語があまり得意でない方の場合には、描画やコラージュ、箱庭、手芸や工作、遊びなどが用いられることもある。

6　外傷性悲嘆とレジリエンス

悲嘆反応が重要な役割を演じるものとして、外傷性悲嘆の問題がある。ＰＴＳＤ（外傷後ストレス障害）という診断名は現代社会では非常にポピュラーなものとなっているが、ＰＴＳＤに代表されるような「危うく死ぬまた重傷を負うような」大きな外傷体験を経験した場合、これをある種の喪失体験として捉える考え方は、ないわけではない。しかし、心理臨床場面では、ＰＴＳＤに対する治療的アプローチと、喪失体験に対するアプローチとは、分けて考えることが多い。

外傷的体験をされた方に対して、レジリエンスを重視する考え方は重要である。すなわち、ご本人が本来持っている回復力を尊重し、そこに働きかけていく考え方である。災害後のＰＴＳＤの発症率は、自然災害の場合約二〇％、レイプ被害などの人為的被害の場合は約七〇―八〇％と言われている。周囲の人は、安全、安心な環境を確保することを最優先に、心理教育的なアプローチをおこなって、ご本人を見守っていくことになる。ＰＴＳＤ症状が確認される場合、その治療が検討されることになる。

ＰＴＳＤに効果があると言われている治療は、長時間曝露法[1]（Prolonged Exposure Therapy：ＰＥ療法）とＥＭＤＲ[2]（眼球運動による脱感作および再処理法）であると言われている。

長時間曝露法は、治療の機序もしっかりとしており、七〇％前後の人に効果があると言われている。ただし、原則として、単回性の被害を対象としているし、もともとうつ病などを持っていた人は適応外となる。本人に加害責任がある場合にも、一般的には対象外となる。さらに、外傷的な記憶に向き合っていく治療法であることを説明すると、本人が希望しない、ということもしばしば生じる（途中でやめるドロップ・アウトよりも、こちらの方が圧倒的に多い）。そのような場合には、伝統的な心理的援助を行っていくことになるが、それによって回復する場合もあるし、ある程度モティベーションがあがってきたときにＰＥ療法を行ったり、ＰＥ療法の要素を取り入れた治療法を行うこともある。

ＰＴＳＤ症状と悲嘆反応が同時に確認できる場合には、まず、ＰＴＳＤ反応に対する治療を行った後に、悲嘆反応へのアプローチを行うことが多い。

7 おわりに

グリーフ・カウンセリングやグリーフ・セラピー、外傷性悲嘆といった領域における心理療法的アプローチは、非常に早いテンポで理論が改変されたり、工夫されたりしてきている領域である。この領域に関わる治療者は、基本を押さえ、常に自分の治療技術を磨きながら、もう一方で常に最新の情報にアクセスしていく必要もあるだろう。

例えば、心理的デブリーフィング[3]（Psychological Debriefing）は、以前は外傷的体験をした人に行えば、心理的後遺症の発症が予防できると言われていたが、一九九〇年以降、このことに対する疑問が多く提出され、注意喚起がなされている（広常・小川、二〇〇三）。このように、何がどうして問題になっているのか、常に情報を集めて検討を加えながら心理療法的アプローチを試みるのが最低限の責任であると考える。

注

（1）長時間曝露法（Prolonged Exposure Therapy）は一九九三年にフォア（Foa, E.）とリッグス（Riggs, D.）により提案された、トラウマ焦点化認知行動療法の一つ。安全な環境の下で、外傷記憶やそれにまつわる状況に、系統的で丁寧な方法を用いて繰り返し向き合うこと（再体験）を通して、トラウマ性の記憶と結びついた不安を低減させ、危険と安全の区別がつくようになっていくことを目指す。

（２）EMDR（Eye Movement Desensitization and Reprocessing：眼球運動による脱感作および再処理法）は一九八九年にシャピロ（Shapiro, F.）という臨床心理学者が発表した方法。眼球を左右に動かしながら、外傷的なイメージを想起したり、身体感覚を意識化したりしていくことを通して、外傷性記憶にまつわる強烈な感情を再処理する。

（３）デブリーフィング（debriefing）とは、元来は軍隊用語で、前線からの帰還兵にその任務や戦況について質問し報告させることを指していた。それが、災害や精神的にショックとなる出来事を経験した人々のために行われる危機介入手段として転用されたのが心理的デブリーフィング（psychological debriefing：PD）である。もともと米軍のパラメディックでもあり救急隊員でもあった心理学者ミッチェル（Mitchell, J. T.）がさらに構造化した非常事態ストレス・デブリーフィング（critical incident stress debriefing：CISD）として開発し、よく知られるところとなった。それは、災害などの二、三日（少なくとも一週間）後に行われるグループ技法であり、二～三時間をかけて、出来事の再構成、感情の発散（カタルシス）、トラウマ反応の心理教育などがなされるものである（広常・小川、二〇〇三）。http://www.jstss.org/topic/treatment/treatment_05.html

第6章　グリーフケア研究の動向

森　俊樹

本章では、第4章・第5章に続く理論編として主に欧米圏でのグリーフケア研究の動向について述べる。ただし、グリーフケア研究は精神医学、精神分析学、心理学、社会学などさまざまな分野において膨大な研究が為されており、ここでは紙幅の都合もありすべてを概観することはできないため、特に悲嘆過程の理論モデルの位置づけおよび悲嘆の文化的社会的側面についての知見を述べることにする。前者については他の章で既に述べられたこととも関係するが、本章ではそれらの相互の関係を明確にすることを目的とし、各理論モデルの主な特徴を中心に述べておくことになる。後者については今日の理論モデルの意味するところとも大きく関わり、かつ日本と文化の異なる欧米圏で生み出された理論モデルの適用可能性についても大きく関わる、悲嘆の文化的社会的側面について述べておきたい。いずれもグリーフケア研究において重要な理論的背景となる分野であり、今日の欧米圏での多くの調査・研究や実践への示唆を与えているものである。今後の日本においてもグリーフケア研究を発展させるための重要な知見であり、また実践に携わる際にも多くの示唆を与えてくれるであろう。なお、ここでは研究動向について概観した文献を主に参照することで述べていく。また、入門書であるため、読者の読みやすさにも配慮して実証的なデータについては逐一参照していない。興味のある方は指示した文献を参照して欲しい。

次に、以下の構成を述べておこう。まず第1節から第6節までが悲嘆過程の理論モデルである。これらについては第5章での議論とも関係するが、相互の関係を歴史的に概観し、今日大きな関心を集めている理論モデルの位置づけおよび評価を示しておきたい。グリーフケアの実践への提案においてもここで示される理論モデルが大きく関わっているため、その点についても挙げておく。第7節・第8節は、理論モデルを検討する中でも焦点となった悲嘆と文化・社会との関係をさらに詳しく述べておきたい。悲嘆過程についての理論モデルに欧米文化中心の考えが反映されていたことを踏まえ、今日その点を乗り越える枠組について研究が進められている。また、複雑性悲嘆と大きく関係する悲嘆として、公認されない悲嘆があることは序章でも述べられているが、ここではそれについて文化的社会的側面から重要な点を示しておくことにする。

1　グリーフワーク理論と段階説

欧米圏で長く大きな影響力を有してきた考え方である「グリーフワーク理論」および「悲嘆の段階説」について述べておきたい。これらは一九八〇年代からさまざまな立場に批判されることになったが、一般には広く知られる考え方である。背景となるフロイトの精神分析学やボウルビィのアタッチメント理論、またそれを踏まえた段階説（位相説）[1]の個々の特徴については第5章で詳細に述べられているので、ここではその核となる考え方を中心にまとめておきたい。

「故人との絆は断たれる必要がある」（Archer, 2008）。これは、グリーフケア研究の中で大きな影響力を有した考え方であるが、もともとは第5章で述べられた精神分析学の創始者であるS・フロイトの喪の作業とボウルヴィのアタッチメント理論に由来するものである。重要な点は死別後に故人への想いをうまく処理し、故人が存在しないことを認めることで喪失から回復すると考えるところである。したがって故人に対する気持ちが残らないように解消するために、抱えた悲嘆にかかわる感情を表出することで悲嘆を乗り越えることが必要とされる。しかし、このことにうまくいかない場合は、悲嘆の状態が通常ではない複雑性悲嘆の兆候があると考えられることになる。これが「グリーフワーク理論」である。この用語自体はリンデマンがフロイトの「喪の作業」のドイツ語である「Trauerarbeit」を「Grief Work」と英語に翻訳し用い始めたものであるが、以降グリーフケアを語る際には欠くことのできない概念となっていった。この考えは（序章や第5章で述べられたキューブラー＝ロスの説で良く知られる）悲嘆の状態が回復に至るまでに順々に変わっていくと考える段階説とも適合的なため、広く知られるようになった。その段階において重要なのは、対象の喪失を認め、最終的に受け入れることである。悲嘆にかかわる感情に直面し続けることで、対象はもう戻ってこないことを認識し、その対象への思いを断ち切り、そのことで新たなに人生を歩み出すことである。段階説ではこのような過程が回復であるとされている。この考えは、グリーフケアの際に悲嘆者の状態がどの段階にあるか、逸脱していないかなどの示唆が得られるため、カウンセリングによってうまくグリーフワークが行えるように援助し、逸脱した場合は専門家によるセラピーが必要となると考えられた。

しかし、この立場には以下のような批判が寄せられることになる。①調査によって回復に効果があることが確認できないこと。②グリーフワークとその他の病理的な思慕や反芻とを明確に区別することができないため、適応的か否かを判断することが困難なこと。③グリーフワークの背景にある心理的メカニズムが分かっていないため、グリーフワークが効果的か否かの原因が不明であること。④無理に感情を表出させることが良い結果をもたらさらず、逆に悲嘆感情を抑えることがよい結果をもたらす場合があること。⑤故人との絆を断ち切るのではなく、逆に保ち続けることが良い結果をもたらすことがあること。⑥文化差や個人差を無視していること。以上の批判が多くの研究を踏まえて為された結果、グリーフケア研究においてグリーフワーク理論に代わる理論として次節以降のさまざまな試みが生まれることになった（Stroebe, 1992–1993 : Archer, 2008）。

2　継続する絆

第1節で述べたグリーフワーク理論への批判⑤から生じてきた概念が、「継続する絆」（Continuing Bonds）である。[2] これはグリーフワーク理論で述べられたように、喪失から立ち直るためには個人との絆を断ち切ることが必要である、という点に対して「個人との絆は断ち切る必要はなく、形を変えて継続していくものである」（Klass, Silverman, & Nickman, 1996）という考えにまとめることができる。この考えは、第3章でも述べられたお盆をはじめとした日本社会の伝統的な儀礼など欧米圏以外の文化圏でも多くの具体例が挙げられている（第7節では中国の例を挙げることになる）が、欧米圏においても遺された子どもが、亡くなった親がそばで見守ってくれていると感じて生活していることで、死別後の生活にうまく適応できていることが指摘されている（Klass et al., 1996）。

シュトレーベとシュット（Stroebe & Schut, 2005）は、継続する絆が本当に死別後の適応に効果的か否かについて整理している。それによると、これまで多くの研究でその効果について検証を試みているが、適応にとって継続する絆が必ず効果的であると断言できるデータは存在せず、逆の結果をもたらす場合もあることが報告されている。したがって、クラスらの主張するように継続する絆が何らかの役割を果たすとしても、それが必ず良い結果をもたらすかどうかは分からないのである。

このことを踏まえ、シュトレーベとシュットは、絆は放棄されるべきか否かについて断言することが重要なのではなく、ただどのようなタイプの絆がどのような人々に対して効果的な適応をもたらすかを明らかにすることが必要であると主張している。このことは、継続する絆がある一定の役割を果たす人々を認めつつも、グリーフワーク理論が主張するように、絆を放棄することが有効な人々も存在することも認めた上で、人々が故人とどのような関係を持つことが適応に有効なのか、ということを明らかにするというものであり、過度に単純化した結論を避けた、今後の絆を巡る論争を一段階発展させる主張であろう。

第1節・第2節で述べてきた立場はいずれもアタッチメント理論と大きな関わりを持っている。アタッチメント理論は第5章で詳しく述べられているとおり、今日のグリーフケア研究においてはいまだ大きな影響力を持つ立場であるが、それはグリーフワークと継続する絆の両方の立場がその影響のもとに生み出されたことによる。アタッチメント理論には、グリーフワークに繋がるアイデアと継続する絆とが含まれていたのである。この点を「放棄するか継続するか」という二者択一ではなく、「故人との関係を考えることが悲嘆過程において重要である」として継承したのが、今日のグリーフケア研究の立場である（Field, 2008）。

3 認知ストレス理論

これまで述べてきたのは、故人との関係に着目して死別体験を捉えるものであった。しかし、既に見たようにデータによる裏付けがないため、死別体験を捉える枠組として問題があった。次に述べたいのが、死別に特化した理論ではなくストレスフルな出来事全般に対する理論枠組である認知ストレス理論である。この理論は、ラザルスとフォルクマン（一九九一）によって提示され、多くのストレスフルな出来事に対して適用されており、詳細な研究により、人によってそのような状況に対してさまざまな受け止め方があることを明らかにしている。死別研究においても、死別体験をストレスフルな出来事として捉えることで、死別体験への詳細な調査が期待できるとして注目されていた。以下では、アーチャー（Archer, 2008）やシュトレーべら（Stroebe & Schut, 1999, 2001）による整理をもとに特徴と問題点を簡単に述べておきたい。

アーチャーによると、認知ストレス理論は、「ストレスフルな出来事に対する認知的評価とそれに続くコーピング戦略が重要視」（Archer, 2008）されている。まずは、認知的評価について述べておこう。認知的評価には、一次的評価と二次的評価とがあるとされており、一次的評価とは、ある出来事が自らに何をもたらすのかについての評価であり、「①無関係、②無害―肯定的、③ストレスフル」（ラザルス・フォルクマン、一九九一）の三種類に区別されている。それに対して、二次的評価とは、主に③のストレスフルな出来事に対して何ができるのかについての評価である。認知ストレス理論では出来事に対して何かをすることを「コーピング」と呼ぶため、二次的評価は、コーピングの選択についての評価と呼ばれる（ラザルス・フォルクマン、一九九一）。このコーピングとは、この理論において核となる概念であり、「対処」と訳されることもあるが、ストレスフルな出来事に対して「適切に処理し統制していこうとなされる、絶えず変化していく認知的努力と行動による努力」（ラザルス・フォルクマン、一九九一）という定義に含まれる意味が「対処」という言葉では誤解をうむおそれがあるため、今日では「コーピング」とカタカナで表記されることが多い。簡単に言うと、「ストレスフルな出来事に対して、何とかしようと持続的に努力していくこと」であり、これ以降の研究においては前提として用いられているものである。

次に、コーピング戦略について述べておこう。コーピング戦略とは、「多様な方法でストレスのもたらす結果に対して向き合っていく方法」（Archer, 2008）であり、一般的には「問題焦点型コーピング戦略」と「情動焦点型コーピング戦略」があるとされている。前者は、「苦痛をもたらす厄介な問題を巧みに処理し変化させていくこと」であり、自らの力で変えることが可能であると評価する場合にとられる戦略である。後者は「そのような厄介な問題に対する情動反応を調節していくこと」とされ、変えることが困難であると評価する場合にとられる戦略とされている（ラザルス・フォルクマン、一九九一）。前者はストレッサーに対して向き合っていくことであり、後者はそれとは逆に回避することであるとも考えられている（Stroebe & Schut, 2001）。

このような特徴を持つ認知ストレス理論は、グリーフワーク理論のように適応のための最善策を提示するのではなく、場合によってどのコーピング戦略が有効かは異なるという視点をひらくことになった。これにより、コーピング戦略と遺された者の関係について具体的な調査もできるため、きめの細かい調査が可能になったことも指摘されている（Stroebe & Schut, 2001）。また、特に重要であるとされているのが、喪失への適応における認知的評価の役割について述べている点である。この点は、グリーフワーク理論に欠けていた視点であり、以降の理論において重要視されている。しかし、この理論には問題点も多く指摘されている。代表的なものは死別体験には多くのストレッサーが含まれており、それへの評価やコーピング戦略も多様であるが、それらがどのように適用されるのかが明確でないこと、そして死別体験のストレッサーには悲嘆に関わる感情自体があり、それへのコーピング戦略にはそれらの感情を表現することやコントロールすることが含まれるが、それは問題焦点型コーピングと情動焦点型コーピングの両方が含まれることになり、区別が曖昧となることなどが指摘されている（Stroebe & Schut, 2001）。

4　統合理論の試み

グリーフワーク理論や認知ストレス理論では死別体験後の悲嘆過程を的確に捉えることが困難なことを述べたが、それに代わる理論モデルにはどのようなものがあるのだろうか。アーチャー

（Archer, 2008）は、このような試みとして、ボナンノとカルトマンによる統合理論（Bonanno & Kaltman, 1999）と、シュトレーベとシュット（Stroebe & Schut, 1999）による死別体験の二重過程理論を挙げている。また、認知行動療法などのさまざまな理論を統合した認知悲嘆療法を提唱しているマルキンソンは、このような試みとして上記の二つに加えて、ルービンによる死別体験の二軌道モデル（Two-Track Models of Bereavement）を挙げている（Malkinson, 2007）。これらはいずれも「故人との関係」と「死別体験がもたらすストレス」について扱う枠組として「アタッチメント理論」と「認知ストレス理論」の二つの立場の視点を理論モデルに組み込んでいる。死別体験の二重過程理論については次節で述べることとして、ここではその他の二つについて述べておきたい。

（１）ボナンノとカルトマンの統合理論

ボナンノとカルトマン（Bonanno & Kaltman, 1999）は、認知ストレス理論、アタッチメント理論、感情の社会的―機能的観点、トラウマ理論の四つの理論に基づいた統合理論を提示した。このうちアタッチメント理論と認知ストレス理論については既に述べられているので、ここでは残りの二つの理論について述べておこう。感情の社会的―機能的観点では、「肯定的な感情を表出することが持つ適応的な機能と否定的感情を表出することによる不適応な機能を強調」（Archer, 2008）することで悲嘆を捉えているが、この点はグリーフワーク理論の想定とは矛盾しており、グリーフワーク理論による枠組の限界を指摘している。また、トラウマ理論では、喪失が突然で衝撃的な場合にはトラウマになりやすいことが指摘されているが、この点は悲嘆を捉える際に喪失の文脈が重要なことを意味している。

上記の四つの理論を統合することで、この立場が提示している枠組は、喪失の文脈、主観的意味、喪われた関係の変わりゆく表象、コーピングと感情統制の過程、という四つの要素で悲嘆過程を捉え、分析するものである。これらの要素が互いに影響を与え合うことで、悲嘆の過程が進んでいくと想定されている。(Bonanno & Kaltman, 1999)

(2) 死別体験の二軌道モデル

死別体験の二軌道モデル（Two-Track Model of Bereavement）は、ルービンによって一九八一年に提唱された、遺された者の悲嘆の過程を捉えるための理論モデルである（Rubin, 1981）。提唱された当初は、突然予期しない形で子どもを喪った母親についての研究からであったが、今日は遺された者一般のモデルとしても利用されている（Malkinson, 2007）。このモデルは、悲嘆過程を二つの観点から捉えるものであり、理論的にはストレス―トラウマ理論と関係論的―アタッチメント理論から発想を引き出したものである。モデルの名前にある二つの軌道がそれぞれの観点から用意されたものであり、それぞれが別の軌道であるが、お互いに影響を与え合うと考えられている。軌道Ⅰが前者の理論の観点から死別体験後の生活に関する「一般的な機能」について捉えたものであり、軌道Ⅱが後者の理論の観点から「故人との関係」について捉えたものである。この理論モデルでは

表 6-1　死別体験の二軌道モデル

軌道Ⅰ：一般的機能	軌道Ⅱ：故人との関係
不安	心像と記憶
抑うつ的情動と認知	感情的近さあるいは故人との距離
身体的訴え	故人に対する肯定的感情
PTSD／一般的兆候／精神医学性の反応	故人に対する否定的感情
家族関係	理想化
人間関係	葛藤
自己システム	喪失の特徴
意味構造	自己知覚
仕事	喪失前の関係
人生への課題への投資	記念式と変容

Malkinson（2007）pp.35-38, TABLE 1.1 を一部改変

故人との関係は、継続する絆の観点で想定されるように、故人との内的関係は絶たれることが必要なのではなく、遺された者の人生を通して継続されると捉えている。これらの軌道について具体的には、表６－１にある項目が挙げられており、詳細な調査やグリーフケアの実践への指針として活用されている（Rubin, 1999; Malkinson, 2007; Rubin, Malkinson, & Witztum. 2011）。特に調査についてはこのモデルの観点から質問シートも生み出され調査が行われている（Rubin, Malkinson, Koren, Goffer-Shnarch, & Michaele, 2009）。

5　二重過程モデルの意義

統合理論の試みとして大きな影響力を持っている理論の一つがシュトレーべとシュットによる死別体験の二重過程モデル（Dual Process Model of Bereavement, 以下ではＤＰＭとする）である。ＤＰＭについては簡潔に第5章でも述べられているが、ここでは詳しく理論の構成を確認し、その

意義を示しておきたい（Stroebe & Schut, 1999, 2001）。

ＤＰＭは、グリーフワーク理論のような故人との関係についての知見と、認知ストレス理論が示したような死別体験に伴うさまざまなストレスへのコーピングの視点を統合して生み出されたものである。もともとは、配偶者を喪った人々に対するモデルであったが、今日では他のタイプの喪失体験にも適用されており、さまざまな調査研究にも応用されることのある影響力の大きいモデルである。このモデルの特徴は、死別体験へのコーピングを二種類に分けて捉え、その二つのコーピングに対して人々がどのようにとり組むかを扱うことで個人差や文化差をも考慮できる点にある。

（1）二つのコーピング：喪失志向コーピングと回復志向コーピング

この理論モデルでは、第一に死別体験に対して故人を喪ったという事実そのものに集中し立ち向かうコーピングを想定している。それが「喪失志向コーピング」である。喪失志向コーピングは、故人との関係や絆について為されるコーピングであり、例えば、故人や生前の故人との生活、そして死別という出来事について反芻（rumination）することや、故人について思慕（yearning）し写真などを眺め、故人について思うあまり泣いてしまうことなどが含まれる。

もう一つのコーピングが、「回復志向コーピング」である。回復志向コーピングは、死別体験がもたらす二次的なストレスに対してとり組まれるコーピングであり、死別体験後に訪れるさまざまな生活の変化に適応するためのものである。これには、家計や家事などの生活に関わる問題に対して立て直しをはかることや、これまで妻や夫、親といった立場の役割から新たな立場へと自らの新しいアイデンティティを発展させていくことなどが含まれている。従来の伝統的な枠組に則ったグリーフケアにおいては大きな関心を持たれていなかったものである。

（2）二つのコーピングの間の揺らぎ

これらの二つのコーピングに対して人々は同時にとり組むことはなく、またコーピングにとり組まないときもあると考えられている。すなわち、ある時点ではいずれかの喪失志向コーピングにとり組むが、またある時点では回復志向コーピングにとり組み、他の時点ではいずれのコーピングにもとり組んでいない、というように二つのコーピングの間を揺れ動くことで生活していると考えられている。したがって、図６－１にあるように、二つのコーピングの間で人々は時間の経過とともに揺れ動くことになる。落ち込んでいる時期を過ぎて人生に立ち向かっていく、といった直線的な考えではなく、落ち込んでいる時期もあれば、人生についていろいろ立て直す時期もあるし、ただ日々を過ごす時期もあると考えるのである。このモデルでは、この二つのコーピングの間での動きが揺らぎ（oscillation）と呼ばれており、この揺らぎのあり方が最も重要な点であると考えられている。この揺らぎを捉えることで、直線的で段階的なモデルの欠点を克服し、また死別体験のもたらすさまざまなストレスに対してどのように立ち向かっていくかを捉えることが可能となるのである。

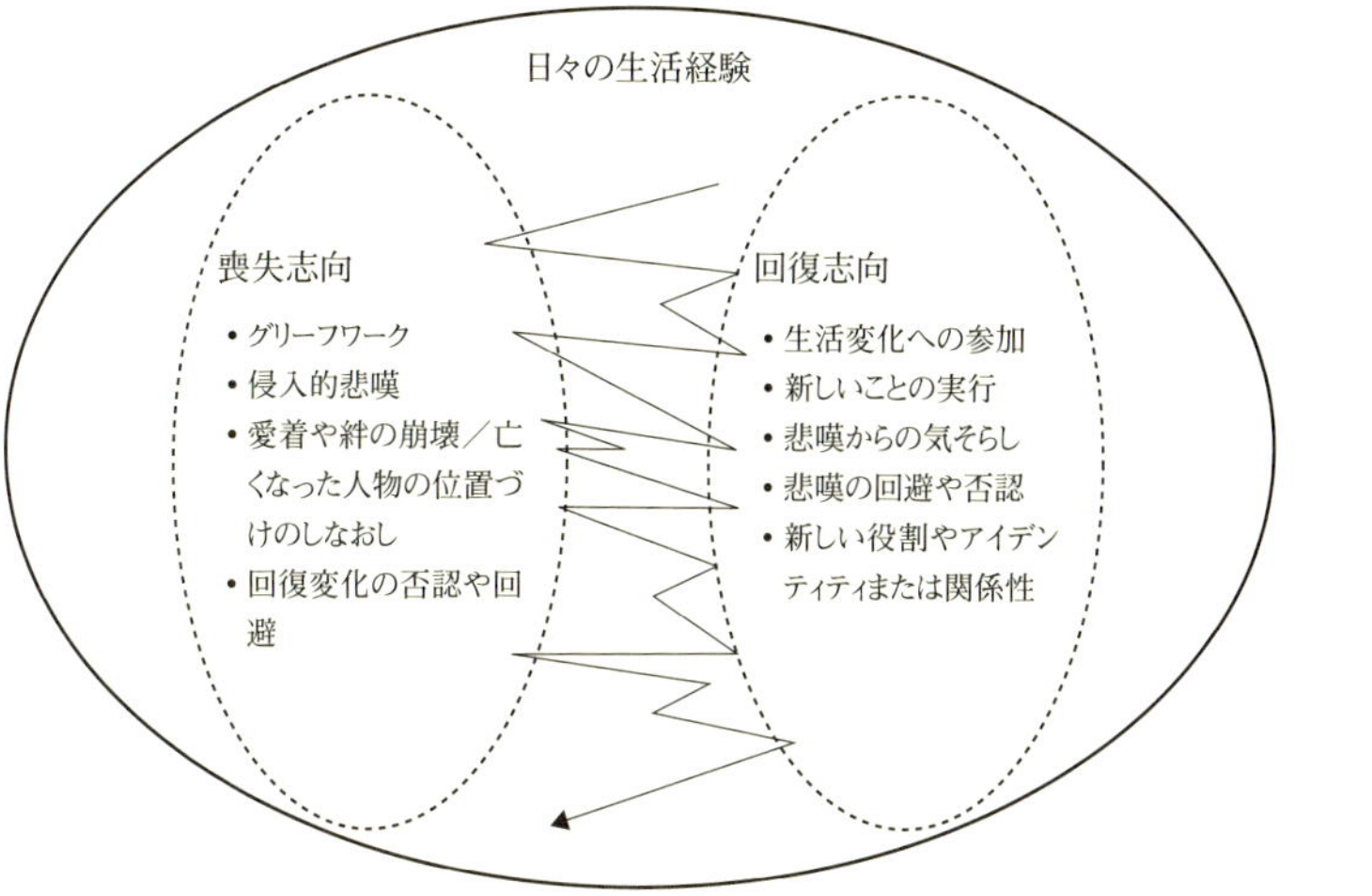

図 6-1　死別へのコーピングの二重過程モデル

Stroebe & Schut（2001）およびニーマイヤー編（2007）を基に作成。

（3）DPMの意義

このモデルにはどのような意義があるであろうか。二つのコーピングの間の揺らぎを調査することで、ジェンダー差や文化的社会的差異を捉えることが可能になることが示唆されており、実際それらの研究も為されている。ジェンダー差については、子どもを亡くした際に母親の方が喪失志向コーピングにとり組むことが多いことなどが指摘されている。また、文化的差異についてはバリ島にすむムスリム（イスラム教徒）は、悲嘆の感情を表に出すことはせず、主に回復志向コーピングにとり組むが、エジプトのムスリムは悲嘆の感情を表に出し、苦悩を共有しようとする喪失志向コーピングにとり組むことが報告されている。

また、この揺らぎを捉えることはグリーフ

ケアの実践においても大きな示唆を与えると考えられている。ケア対象者がいずれのコーピングに向かいがちであるかを捉えることで、よりいっそう寄り添ったケアを提供することができることが指摘されている。例えば、サポートグループにおいて、女性に対しては感情の共有を求めるように促し、男性に対しては他の人がどのように問題を解決したかを共有するように促すことが実践されていることが報告されている（Stroebe & Schut, 1999）。このことを安易に適用するのではなく、きめ細かい調査や寄り添いを踏まえて実践されることで大きな意義を持つと考えられている。

6　意味の再構成理論の可能性

ニーマイヤーもグリーフワーク理論や段階説への批判として悲嘆の個人差や文化差を挙げ、それらの問題点を克服した理論として意味の再構成理論を示した。基本的な考え方については第5章で挙げられているので、ここでは喪失を体験したときにどのように意味の再構成が為されるのかについてのモデル、悲嘆の理解にとって持つ意味、グリーフケアの実践にとって示唆するものなどを中心に述べておこう。

ニーマイヤーにとって核となるのは「死別に対しての意味の再構成は悲嘆における中心的プロセスである」（ニーマイヤー、二〇〇七）という考えである。ニーマイヤーによると、我々は生きる際には基本的な意味構造を持っており、それが六つの領域で世界の理解を与えてくれることで、日常生活を送ることができているとされている。その六つの領域とは、①日々の活動や優先順位、②自己知覚、③対人関係、④未来に対する見方、⑤信仰やスピリチュアリティ、⑥世界に対する見方である（Gilles & Neimeyer, 2006）。それぞれが単なる個人的なものではなく、これまでの社会生活を送る中で文化や他者の影響などによって形成され、変化を受けることで我々は生きているのである。この意味構造に対して、喪失体験に遭遇するときに生じるのが、意味の再構成である。

喪失体験に直面する際には、その体験の持つ意味とこれらの意味構造との関係が問題となってくる（Gilles & Neimeyer, 2006）。喪失体験がこれまでの意味構造と一致するものであるならば、受ける苦痛は軽く、意味構造は無傷で有用なままである。しかし、喪失体験がこれまでの意味構造と一致しない場合は、苦痛は増加することになり、意味の探求が必要となるのである。意味構成活動には、意味了解（making sense）、有益性発見（benefit finding）、アイデンティティの変化（identity change）の三つの類型があり、それぞれが喪失後に為される。ただし、全ての活動が喪失後すぐになされるのではなく、まずは意味了解が為されることが多い。これらの意味構成活動によって喪失前の意味構造へ働きかけることで、新しい意味構造が構成され、新しい意味づけが可能になる。この意味づけが有効であるならば、苦痛は軽減されるが、もし軽減されない場合は再度意味構成活動が行われることになる。苦痛が軽減された場合は、新しい意味づけが結束することになる。以上の喪失体験の際の意味構造の変化については、図６－２にまとめてあるので参照して欲しい。

次に、意味構成活動の三つの類型について確認しておこう（Gilles & Neimeyer, 2006; 川島、二〇〇八：坂口、二〇一〇)。意味了解とは、喪失体験が起こった原因を見つけ出そうとすることである。そのことにより、自らを苦痛から守り、喪失体験で揺らいだ意味構造の秩序や一貫性を回復しようとする活動である。例えば、故人が生前にアルコールを多量に摂取していたことを死因であると納得することや、喪失を運命や神の意志などと解釈することが挙げられる。有益性発見とは、喪失体験に対して肯定的な評価をすることである。辛い体験にもかかわらず、そのなかに明るい良い意味を見出そうとすることである。たとえば、家族との死別体験を通して、遺された家族の絆が強まったなどの意味を見出すことなどがある。アイデンティティの変化は、喪失体験に対して自らの生活における意味を再構成し、自らのアイデンティティのあり方をも再構成することである。喪失後に成長することや、新しい役割を担うこと、より深く人生の意味を意識することなどがある。スピリチュアルな成長もこれに含まれる。

以上で述べたモデルの持つ意義について述べておこう。第5章でも重要なのは段階説への批判であることは述べられていたが、それに加えて段階説が欧米圏中心の考え方であることへの批判をも意味していることに注意したい。段階説については、個々人の悲嘆の過程は多様ではあるが、ある程度指標として活用できるという考え方は根強い。しかし、本節で述べたように喪失後の過程は意味構造と喪失体験との関係に影響を受けるため、元になるデータの多くが欧米圏での臨床や調査によって得られた段階説のモデルは、欧米文化の影響を大きく受けている可能性がある。したがって、段階説に基づいて他文化での臨床や研究を行うことは、どれほど有効であるか分からず、場合によ

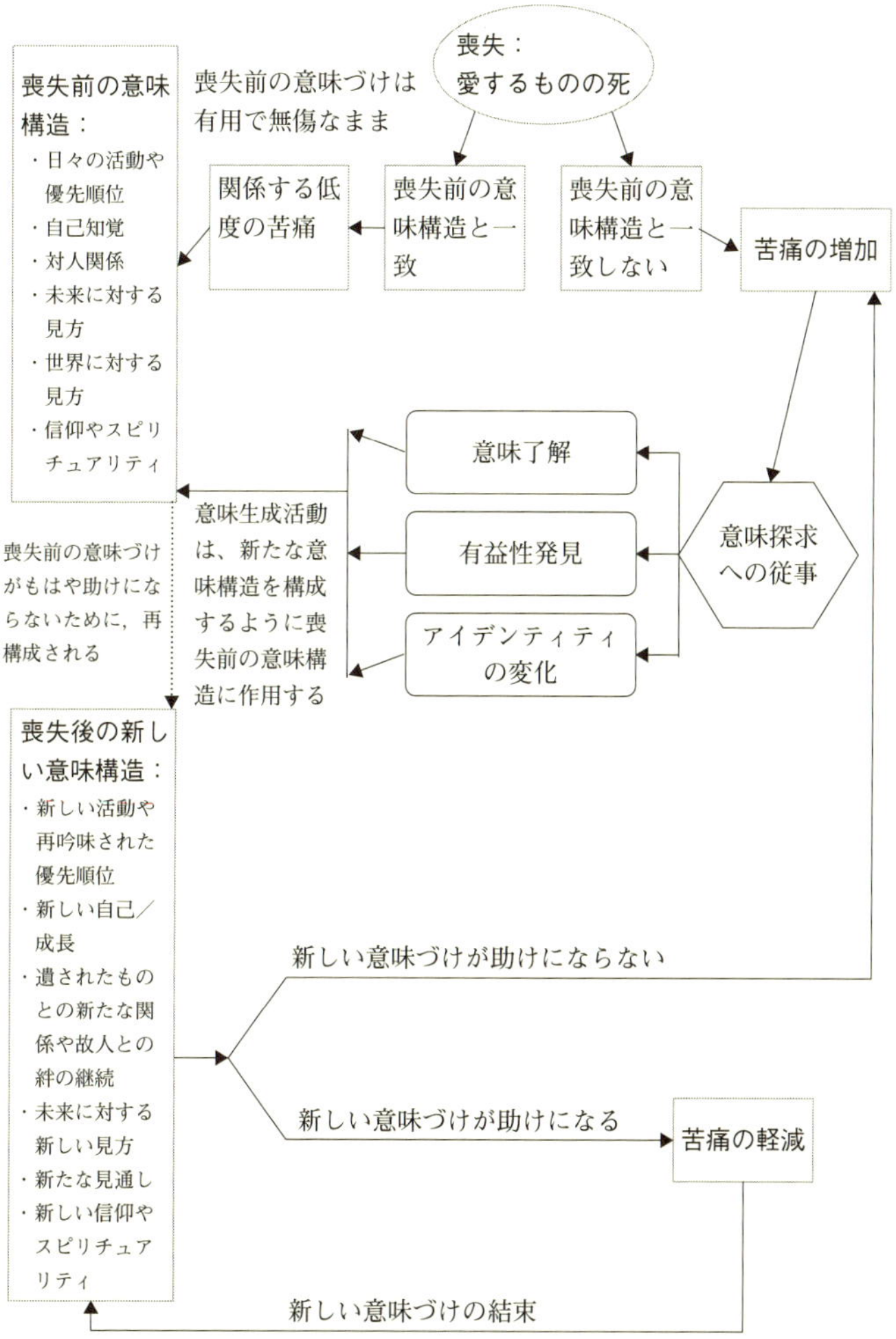

図 6-2　愛するものの喪失に対する意味の再構成の経路のモデル

Gilles & Neimeyer（2006）および川島（2008）を一部改変。

って危険な結果をもたらすこともあり得るのである。

次に、個人の内面に焦点をあてたモデルへの批判であることも重要である。そもそも意味を人々が生み出す際には、生まれ育った環境や人々との関わりを抜きにしてはあり得ない。したがって、この考え方では喪失へと適応する際にも周囲の人々との関わりを重要視している。この点を踏まえ、今日では家族を対象として意味の再構成理論の適応をはかったセラピーも存在している（Nadeau, 2008）。

また、この理論の立場の人々は、自死遺族のような複雑性悲嘆に陥りやすい人々への介入についても研究を重ねて、実践している。例えば、サンズらによる「自死による死別体験の三対モデル」は、故人、自己、その他の他者との三つの関係を「関係を理解する」、「関係を再構成する」、「関係を別の場所に移す」という三つの位相での意味づけを通した意味の再構成であることを提案している（Neimeyer & Sands, 2011）。

以上で述べてきた視点は、第２章で述べられた遺族会などのサポートグループや自助グループでのやり取りを分析するためにも利用されている。例えば、クラス（Klass, 2001）は、子どもとの死別体験をした親たちの自助グループについてこの視点から考察しており、いかに亡くした子どもとの関係の意味を再構成することで、親が自らの人生を意味あるものにするかを述べている。このことは、遺族会などで語り合うことの意味を理論的に裏付ける試みであろう。

7　悲嘆の文化的社会的側面

グリーフケア研究は主に欧米圏で行われてきたため、欧米圏の文化、その中でも特に中心的な文化に大きく規定された側面があった。今日の理論モデルはその点への批判の意味もあったことは既に述べた通りである。本節では、悲嘆がそもそも大きく文化・社会に規定されていること、そしてそのことで生じている問題について述べておくことにしたい。

ところで社会学や心理学では人々の感情が文化に大きく規定されている面が存在することは指摘されてきたが、悲嘆反応についても文化や社会の影響を大きく受けることが指摘されている。この点を踏まえ、クラスとチョウ（Klass & Chow, 2011）は文化によってどのように悲嘆が規定されているかを三つの水準に分けて整理している。まず、死別体験は、文化的な枠組の中で、特に言語という文化の根本的な枠組中で経験されるため、その影響を受けざるを得ない点を指摘している。このことは、悲嘆を表現する際にはあくまでも言語を用いていることが理解を助けるであろう。次に、文化は悲嘆のあり方を統制している、特に感情表現と継続する絆の取り扱いについて統制している。最後に、文化は悲嘆の扱われ方に影響を与える。以下では、各々について述べていこう。なお、具体例として挙げられている中国についての記述は、クラスとチョウ（Klass & Chow, 2011）が挙げているものである。

まずは、文化的な枠組の中で経験されることについてである。文化は我々が世界を解釈する方法であり、死別体験を表現するためのひな型を与えてくれるので、死別体験の際にどのような感情を覚え、どのような行動をするかの基盤となると考えられている。このことは自らの体験を認識し、表現するための言葉にも関わっており、例えば、中国において近年まで悲嘆（厳密には英語の grief を意味すること）を表現する言葉が存在しなかったことが報告されている。

次に、悲嘆を文化が統制することについてである。人々は、家族や地域の人々のまなざしのもとで悲嘆し、故人との絆を続けるのであり、また宗教的な力や政治権力による影響も存在するため、単に個人の思いや考えだけで悲嘆することはできないのである。例えば、喪の儀式について文化が統制していることは、葬儀のあり方が宗教によって異なることで身近に感じることができるだろう。家族や親族との関わりや、宗教との関わりを無視して喪の儀式を行うことは困難であろう。それに加え、死別体験後にどのような行動をとるのかも統制されている。このことは死別体験後に普通とされている行動が統制されていることを意味しているため、それからの逸脱は異常者として扱われることになる。これについては、現代の精神医学の影響下にある文化において、「普通でない」悲嘆状態にある者に対して複雑性悲嘆と名付けることが行われてきたことを一つの例として挙げることができる。複雑性悲嘆は、通常よりも長く、通常とは異なった時に悲嘆するか、全く悲嘆しない場合に対して適用されているが、それが別の時代や別の文化においては、別の呼び方をされる可能性があるだろう。また、悲嘆として覚えるべき感情についても性役割や立場などで適切と考えられるものが統制されている。例えば、女性は涙することが認められるが、男性が人前で涙することは相応しく思われにくいことも文化による感情の統制である。このように自然に表出される感情のあり方と考えられていることに対しても文化は統制しているのである。

また、継続する絆のあり方には文化的な伝統が大きく関わる。日本における伝統的な儀礼については第3章で述べられているが、中国においても祖先の絆についても似たようなものが存在する。昔は、家族の位牌を自宅に置き、線香、食事、花などを供え、大事な出来事の際に先祖に報告したり、幸せをお願いしたりした。近年は自宅ではなく、寺、修道院、墓地などに先祖の位牌を預けているが、故人の写真は自宅に飾り、定期的に写真に話しかけ、故人の誕生日や命日などの記念日には、故人と共に過すため墓地に行くことが報告されている。これらは文化に統制された儀礼であり、継続する絆が文化に統制された例と考えることができるだろう。

最後に、悲嘆の扱われ方に文化が影響を与えることについてである（Klass & Chow, 2011）。死別体験によって我々の日常生活は、それまでのように過ごせなくなる。その後時間をかけて悲嘆の過程が進んでいくことは、既に紹介した理論モデルでも示されているが、ここではシュトレーベとシュットによるＤＰＭの視点を元にその悲嘆の扱われ方を捉えてみよう。ＤＰＭでは、故人との関係が中心となる喪失志向コーピングと、死別後の生活を立て直す回復志向コーピングという二つのコーピングの間の揺らぎが重要であった。この二つのコーピングの間のバランスが文化によって異なることが指摘されている。クラスとチョウが挙げるのが、中国におけるコーピングの偏りである。

中国では、両者のバランスを取るのではなく、不釣り合いなほど回復志向コーピングに重きが置かれており、二〇〇八年五月に起きた四川省での地震の際に、配偶者を喪った何万もの人々が死別後にすぐ再婚をしたことが報告されている。また、一人っ子政策のため一人しかいない子どもを喪った中年の母親の相当数が、妊娠をするために生殖医療を利用していたことも報告されている。これらのことが示すのは、中国における悲嘆の扱われ方は文化として「プラグマティズム」へ価値を置くことが背景にあるため、故人との関係へ関心が寄せられるよりはその後の生活に向かうとされており、悲嘆者に対するケアも日常生活に関する支援が大事であると考えられているということである。

以上で文化の影響について述べてきたが、グリーフワーク理論と段階説について述べる際にも文化差と並んで個人差についての配慮も必要であることを述べた。文化差を強調するあまり、個人差が見失われてしまうことは問題であろう。文化の影響についての知見が示唆するのは、日本における悲嘆の理解をさらに進めることの必要性である。そのことが中国の例で見たように、グリーフケアを提供する際に大きな力となることが考えられる。さらに、文化に根ざした悲嘆のあり方はもともと文化に存在するケアの可能性も示唆している。この点は、第3章で述べられた伝統的な日本のグリーフケアを見直すことにも繋がるであろう。

8　公認されない悲嘆

序章でも複雑性悲嘆に陥りやすい悲嘆として述べられた「公認されない悲嘆」は、悲嘆の文化的社会的側面の問題である。「公認されない悲嘆」とは、「ある人が悲嘆反応を経験しているにもかかわらず、悲嘆のさなかにある権利を持つことや、社会的に共感を得たり社会的なサポートを求めたりすることが社会的に認められないこと」（Doka, 2008）と定義されている悲嘆であるが、「ある人の悲嘆が社会的に認められない」、ということの背景にあるのが文化の影響である。既に述べたように人々の悲嘆には文化がさまざまな形で影響を及ぼしているため、あらゆる社会において一般的とされる悲嘆（公認される悲嘆）とそうでない悲嘆（公認されない悲嘆）が存在することになる。実際、ある社会において公認されない悲嘆が別の社会においては公認される場合もある。例えば、ドカが挙げるのが同性愛者のコミュニティである（Doka, 2008）。同性愛のパートナーの喪失は多くの社会においては公認されていないが、同性愛者のコミュニティでは悲嘆すべきことであると公認されている。ある同性愛者が同性愛者のコミュニティ以外では何の保障も受けられず、悲嘆にくれることを疑問視されるという事態は我々の住む日本においても理解がしやすい状況であろう。日本においては二〇一一年現在同性との婚姻は認められておらず、通常は家族として認められない[3]。ただし、欧米圏では社会的認知度の高まりなどにより、婚姻制度が認められる国や州[4]も現れているため、公認されない悲嘆である状態が緩和している社会も存在している。

このように文化との関わりが深い公認されない悲嘆にはどのようなタイプのものがあると考えられているのだろうか。それについて述べていこう。ドカによると、公認されない悲嘆には、大きく分けて以下の五つのものがあるとされている（Doka, 2008）。

①認められない関係の場合

日本社会のように親族関係が重視される社会の場合は、故人との関係が親族関係に基づかないと公認されない悲嘆となる。例えば、離婚した元配偶者、不倫相手、同性愛者、婚約者、親族以外の同居人、友人などは、忌引きが認められないなど、公認されにくい。

②喪失自体が認められない場合

社会的に重要であると認められにくい喪失がある。例えば、流産、死産や中絶などは通常の死別体験と同等には認められにくいため、公認されない悲嘆となりやすい。また、ペットの死も今日認知度が高まってきたが、社会的に重要であると認められにくいものであった。

③悲嘆者自身が排除される場合

遺された者の状況によっては公認されない悲嘆となる。例えば、社会的に悲嘆する能力がないと認識されてしまうことのある人々（重度の知的障害者、発達障害者、精神疾患患者）は、悲嘆していると認められにくい。また、超高齢者や幼い子どもは人の死が分からないと見なされ、葬儀などの儀式から排除される場合もあるが、これも公認されない悲嘆と考えられている。

④死の状況がしかるべきでない場合

故人が亡くなった状況が社会的に共感を持たれにくい場合であり、ドカは「自死、エイズに関係する喪失、アルコール依存症による死」などを挙げている。いずれも遺された者は他者から蔑視されることなどがあり、孤立することもある。

⑤悲嘆の仕方が異なる場合

悲嘆の仕方にも文化は大きく関わるため、ある社会においてある者が特殊な悲嘆の仕方を取る場合や、別の文化の悲嘆の仕方を取る場合には公認されないことになる。このことは、段階説の示していた悲嘆のあり方を示さない場合は異常であると認識されてきたことに大きく関係する。

以上で簡単に確認してきた公認されない悲嘆についての知見は、グリーフケアの実践にとってどのような意味を持つであろうか。第7節でも述べたが、文化は固定的なものではない。時代の移り変わりによって変化していく部分も多く存在する。一昔前の常識が今の非常識となる事柄も多く存在する。しかも、他文化との関わり合いによっても変わり、人々の啓発活動などの働きかけによっても変わる余地はある。したがって、公認されない悲嘆を抱える人々への理解を広げること自体がケアの一つの方法と考えられるだろう。加えて、ケア提供者が常識的な考えによって喪失対象のタイプから悲嘆の程度を判断してしまうことがないように気をつける必要がある。そういう点で、意味の再構成理論のように、あくまでも当事者の意味構成に寄り添うことにより、故人との生前の関係からアプローチしていくことが求められるだろう。

９　おわりに

本章では、さまざまな理論モデルおよび悲嘆の文化的社会的側面を述べてきたが、いずれもいかに実践に適用していくことができるかは、大きな課題である。グリーフケアの実践のためにも、今後日本における悲嘆過程への基礎研究の蓄積がさらに必要であろう。そのための指針として本章で示した理論モデルは手がかりとなり、今後比較可能な枠組で調査、研究が蓄積されることが期待される。

注

（1）段階説と位相説は、論者によって表現を使い分けているが、今日ではほぼ同じ立場を指すものとして考えられている。したがって、以下では、両者をまとめて段階説として表すことにする。

（2）ただし、アーチャーによると（Archer, 2008）、フロイトと同時代に継続する絆の重要性をサンドが指摘しているので、厳密には再認識されたと言える。

（3）ただし、養子制度を利用することで家族になることはできる。

（4）オランダ・カナダ・アメリカ合衆国カリフォルニア州など。

第Ⅲ部　人材養成編

第7章　グリーフケア提供者を目指す人たち
――アンケートおよびインタビュー調査から見えてきた動機とニーズ

山本佳世子

1　はじめに

本章では、グリーフケアに携わる人材の養成について述べたいと思う。グリーフケアの必要性は認識されるようになってきたが、そのための人材が不足しているのが現状であろう。個人面談によるグリーフケアは精神科医や心療内科医、臨床心理士などがあたっているが、必ずしも悲嘆について十分な知識を持つものは多くはなく、不要な薬が処方されたり、きちんと話を聞いてもらえなかったりして、かえって傷つけられたというケースも多い。遺族会についても、そのニーズにこたえるだけの十分な数があるとは言い難い。個人面談によるケア、グループによるケア、双方の人材養成が求められる。

世界的にみると、グリーフケアに関する体系的な人材養成をおこなっている機関として、イギリスのクルーズ（Cruse Bereavement Care）[1]が代表的である。一九五九年に設立されて以降、イギリス全土でグリーフケアの実践、啓発、人材養成などをおこなっている。一方、日本においては、グリーフケアの人材養成は始まったばかりである。二〇〇六年にグリーフ・カウンセリング・センター[2]、二〇〇八年に日本グリーフケア協会[3]、二〇〇九年に聖トマス大学日本グリーフケア研究所（現・上智大学グリーフケア研究所）[4]がそれぞれ設立され、独自に人材養成プログラムを実施している。

グリーフ・カウンセリング・センターは、悲嘆研究の世界的な第一人者であるロバート・ニーマイヤーの「構成主義」に基づいた「ニーマイヤー・メソッド」[5]によるプログラムとなっている。入門編（一日）、基礎編（四ヵ月間全一五回）、上級編（四ヵ月間全一五回）、トレーニング・コース（半年間全一〇回）を開催している。また、日本グリーフケア協会については、一～三日間のコースを設けている。さらに、グリーフケア研究所は、グリーフケアを専門とした日本で最初の大学附置の研究・教育機関である。ＪＲ福知山線脱線事故を受けて、加害者であるＪＲ西日本が社会に役立つ取り組みの一環として、公益財団法人ＪＲ西日本あんしん社会財団を立ち上げ、寄付をおこない、設立に至ったものであり、現時点では、国内で最も充実したプログラムを提供していると考えられる。

グリーフケア研究所のプログラムを紹介する。基礎コース、ボランティア養成コース、専門コースの三コースが開設されており、それぞれ一年間のコースであり、ステップアップ方式となっているために、誰もが基礎コースから学び始める。基礎コースでは、グリーフケアやその関連領域の基礎知識や基礎的な対人援助スキルの習得を目指す。ボランティア養成コースでは、遺族会の運営など、地域社会で活躍できる人材と、個人面談によるケアを実践する人材の双方を養成している。前者は、遺族会の組織運営やファシリテーションについて学び、実際に遺族会で実習もおこなう。後者は、主にスピリチュアルケアに基づくグリーフケアをおこなうため、スピリチュアルケアの演習・実習をおこなう。ここでは、スピリチュアルケアの専門家養成の実質的な世界基準であるアメリカの臨床牧会教育協会（Association for Clinical Pastoral Education：ACPE）でおこなわれている臨床牧会教育（Clinical Pastoral Education：CPE）と呼ばれるプログラムをモデルにした教育プログラムをおこなっている。

日本における人材養成はまだ始まったばかりであり、その内容については検証が待たれる。次節以降では、グリーフケア提供者となることを目指すものたちの動機やニーズについて、筆者がグリーフケア研究所の基礎コース受講生に対して二〇〇九年におこなった調査に基づき、論じる。

2　調査の方法

聖トマス大学日本グリーフケア研究所人材養成講座二〇〇九年度グリーフケア基礎コース受講生

に対し、二〇〇九年六月および二〇一〇年二月にアンケート調査をおこなった。一回目は四三名に配布し四一名から回収（回収率九五％）、二回目は四〇名に配布し三二名から回収（回収率八〇％）した。うち、両回の調査に回答したのは三一名であった。また、二七名には二〇〇九年七・八月に一対一の半構造化インタビュー[6]を各一回、約一〜二時間程度、実施した。本稿では、二回のアンケート調査に回答した三一名およびインタビュー調査に参加した二七名のデータを分析対象とする。

一回目のアンケート調査では、死別経験の有無とその内容、死別以外の大きな喪失体験の有無とその内容を尋ねた。二回目のアンケート調査では、死別経験の有無とより詳細な内容、グリーフケア研究所の人材養成講座受講を経ての死別経験の受け止め方の変化の有無、死別以外の喪失体験の有無、同受講を経ての喪失体験の受け止め方の変化について尋ねた。

インタビュー調査では、主に①グリーフケアに関心を持つようになった経験、②これまでの人生で一番つらかった経験と、それをどのように受け止め、乗り越えてきたのか、③それらの経験を踏まえた、「生きること」や「死」に対する考え方、④どのようなグリーフケア提供者になりたいのか、⑤研究所に対する意見や要望を尋ねた。面接は被面接者の同意を得て録音した。

倫理的配慮として、①調査への参加は任意であり、断っても不利益が生じることはないこと、②調査への参加に同意した後でも自由に同意を撤回でき、それによって不利益が生じることのないこと、③調査は研究目的でおこない、使用するもので、それ以外の目的で使用することはないこと、④個人情報は厳重に保護され、調査結果の公表に際しても個人が識別されることがないようにすることを口頭および紙面で説明した。

3　グリーフケア提供者を目指す人の喪失体験と動機

アンケート調査より、死別経験や喪失体験の有無および、受講を通してのその捉え方にどのような変化があったのかを中心に報告する。また、インタビュー調査の結果をもとに、講座受講の動機についても報告する。

（1）属性

質問紙調査回答者の属性は表7－1の通りである。年齢の平均は四六・二歳、標準偏差は九・八一であり、中高年者が多かった（表中a）。性別は男性三名、女性二八名であり、ほとんどが女性であった（表中b）。宗教は仏教六名、カトリック三名、プロテスタント三名、なしが一九名であった（表中c）。一般的な日本人より信仰を有する割合が多いといえるが、(7) それでも過半数が信仰する宗教を持たなかった。職業は、看護師をはじめとした医療従事者が多い結果となった（表中d）。

（2）死別経験およびそれ以外の喪失体験の有無

死別経験および喪失体験については、より詳細に尋ねた二回目のアンケート調査の結果を示す。

死別経験の有無は表7－2の通りである。回答者三一名中二七名が死別経験有りと答えた（表中a）。

また、死別経験有りと答えた者については、亡くされた方および亡くなられた原因について、最大五件まで、回答者にとって辛かった順に答えてもらった。亡くなられた原因については、老衰・病死（療養の末）・病死（突然死）・自死・事件または事故死・その他から選択してもらった。

のべ七八件の回答があり、一番辛かった死別として、突然死や自死、事件または事故死といった暴力的な死の経験が多く見られた（表中b）。故人との関係では、親や祖父母以外に子どもなどの死が多くみられ、複雑性悲嘆に陥りやすいと言われる死別経験者が多いことがわかった（表中c）。

死別以外の大きな喪失体験の有無は表7－3に示した。有が一五名、無が一三名、無回答が三名であった。恋人との離別、離婚、火事、家族の病、失職、家庭崩壊、母校の廃校、引越、夢、震災など、実に多種多様な喪失体験が挙げられた。

（3）受講の動機

右で挙げた死別経験や喪失体験は、講座受講の動機の一つとなっていると考えられるが、具体的になぜグリーフケアに関心を持つようになり、講座を受講するに至ったのか、その動機をインタビュー調査で尋ねた。主に以下の動機が挙げられた。

家族の死別からグリーフケアへ関心を持った（五名）、家族の死別時に自分が欲しかったケアをしたい（四名）、自身の喪失体験からグリーフケアへ関心を持った（三名）、看護師経験からグリー

表 7-1　回答者の属性

a　年齢	人数	%
20 ～ 29歳	1	3.2
30 ～ 39歳	8	25.8
40 ～ 49歳	10	32.3
50 ～ 59歳	9	29.0
60 ～ 69歳	3	9.7
合計	31	100.0
b　性別	**人数**	**%**
男	3	9.7
女	28	90.3
合計	31	100.0
c　宗教	**人数**	**%**
仏教	6	19.4
カトリック	3	9.7
プロテスタント	3	9.7
なし	19	61.3
合計	31	100.0
d　職業	**人数**	**%**
看護師	9	29.0
助産師	0	0.0
MSW*	1	3.2
相談員	2	6.5
カウンセリング	1	3.2
その他医療従事者	1	3.2
宗教家	2	6.5
無職・パート	7	22.6
公務員・会社員	2	6.5
教員	2	6.5
その他講師	2	6.5
学生	1	3.2
無回答	1	3.2
合計	31	100.0

＊医療ソーシャルワーカー

表 7-2　死別経験について

a　死別経験の有無	人数	%
有	27	12.9
無	4	87.1
合計	31	100.0
b　死亡原因	**度数**	**%**
老衰	2	7.4
病死（療養）	12	44.4
病死（突然死）	4	14.8
自死	2	7.4
事件または事故	7	25.9
その他	0	0.0
合計	27	100.0
c　故人との関係	**人数**	**%**
父	6	22.2
母	5	18.5
祖父	2	7.4
祖母	3	11.1
子	5	18.5
きょうだい	1	3.7
配偶者	2	7.4
その他親戚	3	11.1
合計	27	100.0

表 7-3　喪失体験の有無

	人数	%
有	15	48.4
無	13	41.9
無回答	3	9.7
合計	31	100.0

フケアへ関心を持った（二名）、看護師の仕事に活かしたい（二名）、寺の仕事に活かしたい（二名）、医療系の仕事に活かしたい（二名）、現在の活動に活かしたい（一名）、グリーフケアの講演を聴いて救われたことから関心を持った（四名）、家族の今後を考えて（一名）、自身の悲嘆の整理（一名）。

「家族の死別からグリーフケアへ関心を持った」と「家族の死別時に自分が欲しかったケアをしたい」は両者ともに、自身と同じ苦しみの中にある人の手助けがしたいという思いを持つ。後者の方がより「自身が得られなかったケア」との思いが強いのに対し、前者は「自身の経験を活かしたい」という思いが強い。また、自身が悲嘆で苦しんでいるさなかに同研究所が主催する公開講座『悲嘆』について学ぶ」をはじめとしたグリーフケアに関する講演会を受講して自身が救われた経験から関心を持った者も多い。多くが、職業的関心や、自身の死別・喪失体験がきっかけとなっているることがわかる。

（４）受講を経ての変化

一年間の受講を経て、死別経験および喪失体験の受け止め方に変化があったかどうか、アンケート調査の自由記述で回答を得た。

死別経験に関し、変化はないと答えたものが一名、大きな変化はないと答えたものが三名であった。残りの二三名は、その受け止め方に何かしらの変化があったという。自由記述の内容は、主に①これまで気付いていなかった悲嘆の存在に気付いた、②向き合えなかった悲嘆に向き合うようになった、③怒りや罪責感などのマイナスな感情を受け止め、新たな意味を再構築できるようになった、④グリーフの理解の幅が広がった、という四種類に分けられた（表中a）。

喪失体験については、一五名のうち四名が特に変化はないと答えている。変化があったという回答では、自由記述より、①新たな意味の再構築がされた、②喪失への気付きがあった、の二種類に大別された（表中b）。

表 7-4　受講を経ての変化

a　死別体験の受け止め方の変化	人数	%
変化はない	1	3.7
大きな変化はない	3	11.1
変化があった		
受容と意味の再構築がされた	14	51.9
向き合えるようになった	4	14.8
悲嘆への気付きがあった	2	7.4
理解の幅が広がった	3	11.1
合計	27	100.0
b　喪失体験の受け止め方の変化	**人数**	**%**
変化はない	4	26.7
変化があった		
意味の再構築がされた	8	53.3
喪失への気付きがあった	2	13.3
無回答	1	6.7
合計	15	100.0

（5）受講動機と死別・喪失体験の受け止め方の変化

受講動機別に、受講による死別・喪失体験の受け止め方にどのような変化があったか、面接調査の語りや自由記述を引いて示す。受講動機としては、職業的動機を挙げる者と、自身の経験からの動機を挙げるものに分けて示す。

職業的動機を受講動機として挙げる者

医療従事者を中心とした職業的動機を挙げる者の多くにも、死別・喪失体験があり、そうした経験が職業的動機に結びついている。とはいえ、そうした関心の背景となる自らの経験を自覚しているかどうかは、受講生によって異なり、受講を通しての喪失体験に対する認識の変化という形で現れている。

自身の中にグリーフが存在すると思っていなかったのが、講座を通して自身のグリーフに気付いたと回答したものが二名おり、次のように回答している。

死別体験の受け止め方の変化：質問紙自由記述：Ｗさん

父親との死別については、目の前の事実として受け止めていて、喪の仕事を全くしておらず、生育歴を記入しゼミで発表して初めて、自分の中にあるグリーフの存在を知った。看護師という職業上グリーフの感情に蓋をしてこの九年の月日を経過していた。父親の死についての受け入れの中で、心の整理を少しづつ始めている状況とも思う。グリーフとはどういうことなのか、そして、グリーフケアの必要性と自らの心理と向き合う為の勉強ができたように感じている。

死別体験の受け止め方の変化：質問紙自由記述：Ｚさん

「身近な人との死別はない」「悲嘆を経験したことがない」と公言してきました。しかし、仲間の死別体験を聞くうち、祖父のことを思い出し、涙が止まらなくなった。大きなショックだったとは思えないが、私の心に何か残していったなと感じるようになった。

両者ともに受講動機としては、「看護師としての仕事に活かしたい」と語っている。以下、面接での語りを引用する。

受講動機：面接での語り：Wさん

わたしの年齢からしてね、職場の役割っていうのを考えたらね。人の悩みとか、職場のスタッフ間のやっぱりストレスとかが、やっぱり大きいから、それを聞いて緩和できるような立場にしていかないと駄目なんだろうなあって思ったんですよ。一つはね。（…略…）患者さんもすっごいストレスがかかってて、障害があったり、子どもさんを亡くしてしまった、お産が終わって、そんな人がいたから、やっぱり、そんな人も癒やせるような立場、聞いてあげれるような。でも、看護師の仕事って案外ね、時間、時間でしていくから、じっくり話を聞けるっていう姿勢が持てないから、どうしたら持てるのかなというのも、一つはあったんですよね。

受講動機：面接での語り：Zさん

（患者さんのご家族が）あるとき病院にお見舞いに行きはった帰りに、私ばったりと道で会ったんですよ。それで、えらい泣いてはって。泣いてるというか、すごい怖い顔してはったのかな。「どうしはったんですか」って言ったら、「こうこうで入院して私どうしていいか分からへん」って言って急に泣き出しはって、道の真ん中で。私は、もうそのとき本当に何を言ってあげていいか分かんなかったし、今でもすごい後悔したんですけれども、「泣かんといてください」って言ってしまったんですね。それが唯一の慰めの方法やと自分では思っていたんですけど、しっかりしてくださいねって言うつもりだったんですけど、後で考えたらちょっと、「泣かんといてください」っていうのは、立ち直れないというか、泣きたかったら泣いてよかったのかなって思うんですけど、そういうちょっと後悔をずっと持ってたんですね。ほんで、プラス、その何か知識がないと患者さんにもうちょっと深く一歩踏み込んで、話ができないわと思って。（…略…）まだ近づけないと思って、これから多分在宅というのも増えてくるだろうしと思って、そういうふうに実は思ってたんですね、何となくね。去年ちょうど娘の大学受験があって、じゃあどこがいいかねって調べてたら、関学の藤井美和さんの本をたまたま読んで、すばらしいなあって言って。そのときに読んだ本で、私すごい感銘受けて、娘もこんなんしてほしい、だけど自分もやりたいなって心の中で思ってて、自分もちょっとやってみよかなって。

Wさんも Zさんも、看護師としての立場から、もっと患者・家族にかかわれるようになりたい、そのための知識や技術を得たい、という思いをもって受講している。これまでに出会った患者・家族とのかかわりの経験が背景とはなっているが、そこで自身の喪失体験は触れられていない。その他の「仕事に活かしたい」と答えているものも、自身の喪失体験を受講の動機とは切り離して語っている。しかし、結果的に、講座の受講は自身の喪失体験を見つめなおす機会となっているようである。Dさんは受講動機について、次のように語っている。

受講動機：面接での語り：Dさん

私、お寺を継ぐことになったのは、こんなとんでもない話からなったんですけど、なったからにはちゃんとせななっていう気持ちが強いんですね、これも性格的なもんで。するからにはきちんとしなくちゃいけないいんじゃないのって思ってて。そしたら、仏教全然知らなかったから混沌の世界ですよね。なにをさわってもえー、知らんかった、知らんかった、知らんかったって。整理も自分でもできないし、そういうのがまあ一年くらいはあったのかなあ。でまあ今の現状のお寺でするのはお葬式して、ご法事してみたいなことで、それをこなすのが精いっぱいの時期で、落ち着いてきて意味はなにかなと思い出したら、法事の意味はこういうことがあるんかとかね、仏教とは別に日本でもともとある先祖供養っていうのが今は日本はこっちのほうが強くって、あ、これしてるんかってしばらくしてから気がついたような話で。でもそれだけやっててもどうよっていうのがまだむくむくとあって。そうしたらグリーフケアワーカーの見たんですよね。まあ、仕事に直結する、うん。そういうのもあって勉強しようかあと思って応募はしたんですけど。

その上で、自身の喪失体験については、受講を通じて次のような変化があったという。

死別体験の受け止め方の変化：質問紙自由記述：Dさん

振り返らず閉じこめていた自分の感情を見つめ直すようになった。美化するでもなく、かたくなになるでもなく、穏やかな気持ちで亡くなった人のことを思い出せるようになったと思う。悲しみはずっと持ち続けていくのだということを再確認した。

Dさんは、夫を突然死で亡くしているが、コースの受講の動機として夫の死を直接的に挙げることはなかった。単純に、自身の仕事に活かすために受講を決意している。しかし、受講を通じて思いがけず、自身の悲嘆を見つめなおすことになり、それが結果的に仕事にも活かされていっているようである。

自身が欲しかったケアを提供したい

他方、受講動機としての自身の死別・喪失体験からの関心や、それを活かしたいという思いには、自らの悲嘆はある程度解決ないし処理されていると認識していることがうかがえる。しかし、一年間の学びを通じて、ほとんどの受講生に死別・喪失体験に対する受け止め方の変化が見られたことは、自身の悲嘆が必ずしも完結していなかったことを意味する。

Iさんは受講動機について、次のように語っている。

受講動機：面接での語り：Iさん

一〇年近く前に父が亡くなったときはがんの末期でってことだったんで、最後、離れては暮らしてるんですけど、最後の一〇日間ほど実家に戻って看ることができたんですね。で、私もまあ末期になる前から、一応父にはこういう状況であるっていうことは先生から伝えられているんです、お医者さんから。でも自分がどの程度っていうのは漠然とはわかってても、実際近いっていうのはどこまで自分が捉えてたかっていうのは多分家族のなかでも話をしてこなかったんですね。ですから最後は先生にもうそろそろ危ないからって確かに看取りましたけど、でも父はそれをどう思ってたかっていうのを全然わからないままずっとそばにいたんで、何をしゃべっていいのかわからないっていう状況があったんで、そのときにすごく誰かに相談したいなあという思いがあって。（…略…）やはり入院中も一番誰かに話したいときに話せなかった（泣）。ごめんなさい、全然消化されてる話なんですけど、気持ちは。そのときに誰かにしゃべりたかったなっていう思いがあって。先生も、病院の先生は病気のことはみてくれますけど、家族の、遺族のケアまでは当然してくださらないのでね。そういうのがまずあって、父が亡くなってからしばらくして、誰か聞いてくれる人が、傾聴とかありますよね。そういう勉強が漠然としたいなあという気持ちがまずそこにあったんですね。

Iさんは、父親を亡くした経験の中で、話を聞いてくれる存在が欲しかったがいなかったという。そこで、グリーフケアに関心を持った。「ケアの担い手がいないから苦しい思いをした」という意識がある。自身の悲嘆については、既に処理されていると語っているが、それでも話しながら涙が出てきている。しかもその涙が出てくるという状況を、「ごめんなさい」と語る。そこには「処理されているのに泣くなんておかしい」という感覚が見て取れる。その後、一年間の受講を経て、死別経験の受け止め方については、以下のように記述している。

死別体験の受け止め方の変化：質問紙自由記述：Ｉさん

後悔や悲しみは変わらないが、その感情をありのままに受け止めていいと感じられるようになり、少し気持ちが軽くなったと思う。

つまり、悲しみの気持ちは「処理される」ものではなく、その感情は変わらないが、それでいいのだ、「泣いていい」のだという形で、再構築されている。

自身の経験を活かしたい

それに対し、「自身の死別・喪失体験からケアへ関心を持った」ことを受講動機として挙げている者は、「自身が悲嘆のさなかにあるときに十分にケアを受けられたかどうか」という関心ではなく、「つらい経験をしてきた自分だからこそできるケア」をより求めているように感じる。Ｙさんは次のように受講動機を語っている。

受講動機：面接での語り：Yさん

私、小学校六年のときに父を亡くしまして、その後、一六で兄を亡くしてるんですよ。二十幾つかな、二二かな、二三でもう一人兄を亡くして、一〇年間に三人亡くしてるんです。一〇年間で亡くして、また、親友も亡くしてるんですよね。（…略…）でも、もう自分が味わったんでね。散々味わって、まだ乗り越えるというのはなかなかできないんですけど、でも、聞いてあげることはできるかなって。（…略…）それが、極端に言えば、ボランティアみたいな感じになって、ボランティアが好きとかじゃないんですよ、それが向いてるんじゃなくて、何か人のために、人に奉仕することがどこかで自分の免罪符じゃないけれど、どこかで私は彼ら、彼女たちに何もしてあげれなかったことが、できなかった、で、残されちゃった。自分もいつかは向こうに逝くとしたら、ぼうっと過ごすよりは、何か人の役に立つことを。で、その人に何もしてあげられなかった分をほかの人に還元できればいいかなっていうふうな考え方になりました。

自身の悲嘆を自覚し、死別の苦しみを味わった自分だからこそ、同様の苦しみのさなかにある人の役に立てるのではないか。さらに、自身の抱く罪責感から、ケアに携わるようになっている。Yさんの他にも、自身の死別・喪失体験からケアに関心を持った者には、自身の悲嘆を理解するためにカウンセリングや心理学の勉強をするようになった者や、故人の死を無駄にしないために、ケアに携わることを目指す者が多くいた。
そうした人は、講座を受講することで、その悲嘆について、どのように受け止め方に変化があったのだろうか。Yさんは次のように回答している。

死別体験の受け止め方の変化：質問紙自由記述：Yさん

悲嘆、喪失のつらさは完全に癒えたとは言いきれないが、罪責感がいくぶんか和らいだ。以前は、空虚と悲しみでいっぱいで先立った人に怒りさえ覚えた。基礎コース修了になった現在は、感謝の気持ちで故人を見送れるようになれた。

このように、自身の中にあったマイナスの感情と和解し、意味の再構築が可能になったというものがいる一方で、次のような回答もあった。

死別体験の受け止め方の変化：質問紙自由記述：Kさん

悲しい辛いという感情を納得させる為にいろいろな事をしてきました。基礎コースを受講して、納得させる為の選択が、たくさんありまだ未知なものもある様な気がしています。

悲嘆に関する知的な理解が、自身の悲嘆を理解することにも役立っていることがうかがえる一方で、直接的に自身の悲嘆の変化については言及されていない。自身の苦しみを次に活かすために、講座を受講しているが、自身もまだ悲嘆のさなかにあり続けており、喪失体験の意味を再構築するところまでは至っていないことがうかがえる。

講演会を契機とした受講者

自身が悲嘆のさなかにいたときにグリーフケア研究所の髙木所長の講演を聴いて救われた経験から、自身の状況が落ち着いてきた中で、髙木所長が開催する人材養成講座を受講することを決めている者もいる。彼ら／彼女らは、それまでに聴いた講演や講座を通じて、自身の悲嘆を自覚し、癒していく過程が、受講を通じてさらに進められている。

受講動機：面接での語り：Pさん

私ももう悲嘆の真っただ中だったので。何かお話を聞いて、何か分からないけれども、とにかく行ってみようって思って、一回行って、髙木先生のお話を聞いた途端、もう、私が求めてたのはここだと思って。そこからもうずっと来るようになったんです。（…略…）自分の心がどうのと言うよりも、その度、そのたんびに帰る時に、気持ちが元気になるんです。分からないですけど。何が原因で、どうなって元気になるのかは分からないんですけど、また頑張ろうって。でも、ここに来なかったら頑張れないんですよ。だから、休むとね、もう次に続かないんです、気持ちが。（…略…）ここに来た理由というのは本当に公開講座で、理由がなく癒やされてたということが、もう本当の原因です。（…略…）きっかけはそういう公開講座の自分自身が変われてきたという。で、それを今度何か人に、何かこれは、ずっと今までの、この、今までなぜ自分が、自分の周りの人たちばかりが不幸になるんだろうというところに凝り固まってたんですけど。意識が。だけど、もしかしたら、これは何かの使命なんじゃないかというふうに考えるようになって。

自身が様々な死別・喪失体験で葛藤しているときにたまたま目にした公開講座に申し込み、そこでPさんは救われたという。自身の状況が好転してきた中で、人材養成講座が始まり、受講を決意している。そのうえで、当時苦しんでいた喪失体験について、次のように記述している。

喪失体験の受け止め方の変化：質問紙自由記述：Pさん

（家族の）健康喪失体験で絶望したが、新たな意味を見出すことができた。

さらに、受講を通してその他の死別・喪失体験についても、自身の中にあった悲嘆に気付いたという。

喪失体験の受け止め方の変化：質問紙自由記述：Pさん

（喪失体験について）自分の中に深い悲しみがあったが、それを封印して日々の生活を送ってきて、自分の気持ちをしっかりとみつめ、ケアしてこなかった。グリーフケアの勉強を通し、見つめること、悲しみをしっかりと悲しむことの大切さを実感した。

（死別経験について）複雑な気持ち、悲しみ、後悔、罪意識を封印し、ずっと解決されずにいたが、このグリーフケアを学び、もう一度見つめる勇気が持てた。今進行中である。

このように、講演を聞くところから始まった悲嘆を癒していく作業が、講座の受講を通してさらに進められ、意味の再構築がなされる一方、見つめることを避けてきた体験についても、自身の喪失・悲嘆に気付き、見つめる勇気を得ている。

死別経験の受け止め方に変化が見られなかった者

多くの受講生が、死別・喪失体験の受け止め方に変化があったと答えているが、中には「大きな変化は見られない」と答えた者もいる。こうした者の多くは、受講前にすでにその体験の受容が一定程度できていた者が多いようである。自由記述では以下のような記述があった。

各故人との死別のグリーフワークは受講する前に、自分の中では一応受容できていたので、大きな変化は感じないが、娘に対する想いは、受講してワークをする度にゆれを感じる。受容できていないわけではなく、受容していてもなお悲哀の感情は消えることはない。この想いは生きている限りなくならないと思う。母親にとって、子どもは生死に関わらず愛しい。

大きな変化はないが、自分が当時おこなった自分なりの喪の作業は間違っていなかったというか、理論的に裏付けされたという感じはある。

喪失体験と自身の悲嘆をある程度受け止めており、講座を通じて、自身のそれが理論的に裏づけされている。

4　グリーフケア提供者を目指すことの意味

以上をまとめると、まずグリーフケア提供者となることを目指す受講生の特徴として、中年女性が多いこと、医療従事者が多いこと、何らかの死別経験や喪失体験を通して悲嘆を味わってきた人が多いことが挙げられる。

また、受講生の多くは何かしらの悲嘆を抱えており、人材養成講座の受講が多くの受講生にとって、悲嘆の意味の再構築につながったり、しまい込んでいた悲嘆の存在に気付かせる契機となっていることがわかった。受講開始時に、受講動機として「自身の悲嘆の整理」を挙げた者は一名に過ぎず、残りはグリーフケアの提供者として必要な技術や知識を学ぶために受講を始めたわけだが、一年間の知的・体験的学習を通じて、まずは自身の悲嘆を見つめ、癒していく作業をおこなっている。しかし、それが頭での理解にとどまっている者も見受けられた。

一方で、受講の段階ですでにある程度の悲嘆の受容ができているものは少数であった。そうした者にとって、人材養成講座の受講は自身の経験を理論的に裏付けることにつながっていたようである。

受講生の多くは、悲嘆者に癒しを提供することを目指してやってきているが、グリーフケア研究所人材養成講座の受講は、ケア提供者を目指す自身も悲嘆者であることを（再）発見し、まずはその悲嘆にきちんと向き合う場となっていることが示された。「人を癒したい」という思いは、「自分自身が癒されたい」という思いの裏返しであることが多々見受けられる。受講生の多くも、受講を通じて自身の喪失体験と自身が抱える悲嘆が癒されていなかったことを認識するようになった。自身の悲嘆を十分に見つめること、あるいは悲嘆はなくなるものではなく抱え続けていくものであることを認識することは、他者の悲嘆に寄り添うためには必要不可欠であろう。多くの受講生にとって、一年間の受講を通じて、そのための準備が進められたと考えられる。

5　おわりに

受講生のほとんどが、多くの喪失・死別体験を持っている。彼ら／彼女らの多くはそうした経験を乗り越え、次の段階としてグリーフケアの知識・技術を習得するためにグリーフケア研究所の受講を開始しているが、予想外に、受講を通して自己の内面を見つめなおし、自身の喪失体験とそれに伴う悲嘆と向きあうことを迫られていた。それは、一つには喪失による悲嘆者がいかに癒されないでいるかを示すものである。と同時に、現代日本において、グリーフケアの必要性を感じているものは、自身も何かしらの悲嘆を抱えているものであることが多く、それは、悲嘆の経験が少ない人が、悲嘆者を思いやることができず、癒される場が欠如してしまっている現状をそのまま表しているとも言える。

グリーフケア研究所に限らず、日本国内でグリーフケアに関する人材養成プログラムを修了した者は、その後どのような形で学びを活かしていくのであろうか。二〇一二年三月現在、グリーフケア研究所では基礎コースを約一〇〇名、ボランティア養成コースを約三〇名、専門コースを約一〇名が修了した（ボランティア養成コースおよび専門コースの学びの詳細については、別稿に譲りたい）。修了生の中から、新たにサポートグループを立ち上げたり、傾聴ボランティアとして活躍するものがいることは嬉しいことである。しかし、悲嘆を抱えて苦しんでいる人が多くいるにもかかわらず、ケア提供者の多くはボランティアであり、有償によるグリーフケア専門のカウンセリングは非常に少ない。それは、日本人が欧米人に比べ、「お金を払って悩み事を相談する」ことに慣れていないことも関係していよう。そうした日本の状況では、日々、悲嘆のさなかにある人に接する場面において、グリーフケアの専門的知識・技術を持った人がいること、そして癒しの場となるコミュニティを（再）構築することが求められているのではないだろうか。

具体的には、グリーフケアが求められる場として、看護師や介護士など医療・福祉の臨床現場、学校などの教育臨床現場、葬送儀礼などをおこなう宗教者、葬送業の現場、自死・事故・犯罪被害などに関わる現場（警察、法律家など）などが挙げられよう。グリーフケアの知識・技術を持った人がそうした現場にいることで、心ない言葉かけや行動による二次被害を少しでも抑えられると同時に、癒しの場ともなりうると考える。あるいは、遺族会を開催するなどして、少しでも悲嘆者の癒しの場が増えることにつながることを期待する。

注

（1）http://www.crusebereavementcare.org.uk/index.html

（2）代表、鈴木剛子　http://www.gcctokyo.com/index.php

（3）会長、宮林幸江（自治医科大学教授）　http://www.grief-care.org/index.html

（4）二〇〇九年に聖トマス大学日本グリーフケア研究所として立ちあがり、二〇一〇年に上智大学に移管される。

現在は上智大学グリーフケア研究所として活動をおこなっている。http://www.sophia.ac.jp/jpn/admissions/griefcare

（5）「ニーマイヤー・メソッド」については、ニーメヤー（二〇〇六）に詳しい。

（6）半構造化インタビューとは、インタビュー手法の一つで、主な質問項目は決まっているが、質問票になっているわけではなく、質問の順序などはある程度自由に、面接の過程と個々の参加者によって変わってくる。その他に、構造化インタビュー（前もって質問項目を作成し、同じ質問を同じ順序で質問していく）や非構造化インタビュー（前もって質問を準備しないで面接を行う）などがある。

（7）読売新聞社が二〇〇五年八月におこなった世論調査では、「何か宗教を信じているか」と聞いたところ、「信じている」が二三％、「信じていない」は七五％だった（読売新聞二〇〇五年九月二日朝刊「苦しい時の神頼み⁉「すがりたい」思ったことも五四％」）。

おわりに

髙木慶子

二〇一一年三月一一日、日本中だけではなく全世界の人々を驚愕させる大地震が発生し、それにより大津波と福島原子炉の事故と続き、未曽有の大災害を人々は体験することとなった。

日本の風土は大自然に恵まれているが、一方では災害大国でもある。約八〇〇年前に鴨長明によって記された『方丈記』の光景は、大災害を体験するたびに人々の脳裏に浮かぶ風景でもあるようだ。この度の東日本大震災後にも、この書はたびたび登場した。この著書が人々の記憶に深く息づいている意味は、災害によって重複する喪失後の悲惨なまでの悲嘆と無常観を見事に書き表しているためでもあろう。鴨長明の場合は、彼が生きた六〇余年の人生の中で大災害と言える体験を四回程に経験をしている。それも彼の住む身近な場所においてである。ちなみに当時の災害を挙げてみよう。一一七七年の「安元の大火」、一一八〇年の「治承の竜巻」、一一八一〜一一八二年頃の「養和の飢餓」、一一八五年の「元暦の大地震」などである。

近代になって物理学者で随筆家の寺田寅彦は「文明が進めば進むほど、天然の暴威による災害が、その激烈の度を増す」と記しているが、この度の災害もそのことばを裏付けているようである。科学に頼ったエネルギー開発が、放射能汚染へと自らを貶めており、いまだその汚染の終息は見えていない。

このような状態の中にいる現代人にとって、最も大事な課題は安心と安全な社会の構築ではないだろうか。しかし、個人としての人間存在そのものは「限界のあるいのち」を生きており、その意味するものは人生を生きている間は「家族や親戚、友人の送り人であり」、最後に「自分自身が送られ人」として、この生涯を終わるということである。

「送り人」の生活をしている間は「悲嘆者」、つまり喪失体験の連続を生きることでもある。この体験は特別なことでもなく、人類の大半が「悲嘆者」として生きているのではないだろうか。

ところで、今、なぜ日本の社会で「グリーフケア（悲嘆ケア）」なることばが、飛び交っているのであろうか。逆に、なぜ、今までは「グリーフケア」などの事柄が問題ではなかったのか。

私見ではあるが、「はじめに」「序章」でも述べたように、日本の社会生活の変化にその課題の返答を見るように思う。つまり、戦後間もなくまでは日本の家族は大家族の中で生活をしていた。そこには三世代や四世代までの人々が共に生活をし、また、地域社会があり、世に言う「向う三軒両隣」が存在していた。そこには家族の一人が亡くなっても、誰かが癒し慰め支える人間関係が濃厚に存在したのではないだろうか。ところが、今の日本社会は核家族となり、地域社会での人間関係も希薄となり、悲嘆者を癒し支える関係が乏しくなったのではないだろうか。

それ故に第三者からの癒しと支えが必要となり「悲嘆者に意識して寄り添う者」が社会からの要請として登場したのではないかと考える。この「悲嘆者に意識して寄り添う者」を「グリーフケアを担当するもの」と呼んでいる。

一九九五年一月一七日、阪神・淡路大震災が発生したが、この後に親しく使われたことばが「ボランティア元年」と「こころのケア」の二つであった。これらのことばはことばだけではなく、今も活き活きと多くの人々のこころを動かし、国内外を問わず災害のあるところには、日本人の多くがボランティアとして、また「こころのケア」のために活躍している。

ところで、一般社会において「こころのケア」についての内容はどのように解釈されているのであろうか。実は、平常時には家族を一人亡くすだけでも悲嘆が強く、日常の生活さえできない程の辛く悲しい状態を体験するのであるが、大災害では重複する喪失体験を余儀なくされることとなり、その後の「こころのケア」は「グリーフケア」と考えることが正当ではないかと考えている。つまり、この度の東日本大震災においても、本人が大事としていたものすべてを一瞬にして喪失した人々は数えることさえできないと考える。このように、大災害がもたらす被害の特徴は重複する喪失体験であり、それ故、その後のケアは「グリーフケア」であると言えるのではないだろうか。

この著書は、『グリーフケア入門』として、愛する家族や親戚、親しい友人などを亡くし、重い悲嘆にある方々への理解とその人々に寄り添うことの大事さを、分かりやすく説明するために書かれたものである。

この度の東日本大災害を体験し、日本の国土がいかに災害を受けやすいものであるかも理解できたと考える。また、災害時の悲嘆の特徴は、重複する喪失体験にあると考えるが、その後の「グリーフケア」の内容についても触れている。

この書は悲嘆についての専門家だけではなく、一般の方々の多くに参考となることを希望して執筆したが、日本の国での「グリーフケア」の啓発となり、また、大事な人を亡くし辛く悲しむ人々への理解と思いやりのある社会となるための一石となることを祈願している。

最後になりましたが、この著書を出版するようご推薦いただき、編集にもご協力いただきました編集部の永田悠一さんには、こころより感謝申し上げております。

著者略歴

髙木慶子（たかき よしこ，編者，はじめに・第1章・第2章・あとがき）

1971年，上智大学大学院神学研究科修了。博士（宗教文化）。現職は上智大学グリーフケア研究所名誉所長。専門はグリーフケア，スピリチュアルケア。著書に『喪失体験と悲嘆―阪神淡路大震災で子どもと死別した34人の母親の言葉―』（医学書院，2007），『悲しみの乗り越え方』（角川書店，2011），『それでも人は生かされている』（PHP研究所，2014）ほか多数。

山本佳世子（やまもと かよこ，序章・第1章・第2章・第7章）

2010年，京都大学大学院人間・環境学研究科博士後期課程修了。博士（人間・環境学）。現職は天理大学人文学部准教授。専門は死生学。訳書に『愛する者の死とどう向き合うか』（晃洋書房，2009），著書に『宗教者は病院で何ができるのか』（共編著，勁草書房，2022），『悲嘆の中にある人に心を寄せて』（共著，上智大学出版，2014）ほか。

大河内大博（おおこうち だいはく，第3章）

2021年，大阪大学大学院人間科学研究科博士後期課程満期単位修得退学。修士（文学，社会学）。現職は浄土宗願生寺住職，臨床仏教研究所特任研究員。元上智大学グリーフケア研究所主任研究員。専門は臨床仏教。著書に『今，この身で生きる』（ワニブックス，2014），『ともに生きる仏教』（共著，筑摩書房，2019）『法然上人の教えとカウンセリング』（共著，浄土宗出版，2025）ほか。

小西達也（こにし たつや，第4章）

1992年，早稲田大学大学院理工学研究科修了。2007年，Harvard University 修了。修士（工学，神学），博士（京都大学）。現職は武蔵野大学教授。元上智大学グリーフケア研究所主任研究員。専門はスピリチュアルケア。著書に『無心のケア』（共著，晃洋書房，2020），『The MASCC Textbook of Cancer Supportive Care and Survivorship』（共著，Springer，2011），『チームがん医療実践テキスト』（共著，先端医学社，2011）ほか。

横山恭子（よこやま きょうこ，第5章）

1990年，上智大学大学院文学研究科満期退学。修士（文学）。現職は上智大学総合人間科学部教授。専門は臨床心理学，小児医療心理学。著書に『ボーダーラインの人々』（共著，ゆまに書房，2005），『スタートライン臨床心理学』（共著，弘分堂，2004）。

森　俊樹（もり としき，第6章）

2004年，京都大学大学院人間・環境学研究科博士前期課程修了。修士（人間・環境学）。専門は社会学。論文に「相互行為の忌避――「当惑」の認識という視点から」（『社会システム研究』第14号，57-68頁，2011）。

索　引

アルファベット

あ　行

か　行

さ　行

た　行

な　行

は　行

ま　行

や　行

ら　行

わ　行

参考・引用文献

序　章

デーケン，アルフォンス（1986）死を教える　メヂカルフレンド社

Doka, K. (2002). *Disenfranchised Grief: New Directions, Challenges, and Strategies for Practice*. Research Press.

平山正実（1997）．死別体験者の悲嘆について——主として文献紹介を中心に　松井豊（編）悲嘆の心理　サイエンス社　pp.40-61.

井藤美由紀（2009）．死別の悲しみとそのかなた　岡部健・竹之内裕文（編）どう生き どう死ぬか——現場から考える死生学　弓箭書院　pp.205-226.

Kübler-Ross, E. (1969). *On death and dying*. Simon & Schuster.（キュブラー＝ロス，エリザベス 鈴木晶（訳）(1998)．死ぬ瞬間——死とその過程について　読売新聞社）

日本 DMORT 研究会編（2011）．家族（遺族）支援マニュアル（東日本大震災版）——医療救護班・行政職員などの方へ　http://www.hyogo.jrc.or.jp/dmort/

坂口幸弘（2010）．悲嘆学入門——死別の悲しみを学ぶ　昭和堂

高木慶子（2007）．喪失体験と悲嘆——阪神淡路大震災で子どもと死別した 34 人の母親　医学書院

竹之内裕文（2009）．死すべきものとして生きる　岡部健・竹之内裕文（編）どう生きどう死ぬか——現場から考える死生学　弓箭書院　pp.95-118.

第 1 章

柏木哲夫（1997）．死を看取る医学——ホスピスの現場から　NHK 出版

ナドー，ジャニス（2009）．ローラは苦しんでいなかったはずだ——死の意味（家族療法）ベッカー，カール（編）愛する者の死とどう向き合うか——悲嘆の癒し　晃洋書房　pp.29-40.

Raphoel, B. (1986). *When Disaster Strikes:How Individuals and Communities Cope with Catastrophe*. Basic Books（ラファエル，ビヴァリー　石丸正（訳）(1995)．災害の襲う時——カタストロフィの精神医学　みすず書房）

高木慶子（2007）．喪失体験と悲嘆——阪神淡路大震災で子どもと死別した 34 人の母親　医学書院

柳田邦男（2011）．大震災後、変容する死の課題　文藝春秋　季刊秋号，pp.9-15.

第2章

古内耕太郎・坂口幸弘（2011）．グリーフケア――見送る人の悲しみを癒す――「ひだまりの会」の軌跡　毎日新聞社
黒川雅代子（2005）．セルフヘルプ・グループとソーシャルワーカーとの関係のあり方――グリーフケアのセルフヘルプ・グループのリーダーの事例研究　社会福祉士，**12**, 103-109.
岡知史（1999）．セルフヘルプグループ――わかちあい・ひとりだち・ときはなち　星和書店
太田尚子（2006）．死産で子どもを亡くした母親あちの視点から見たケア・ニーズ　日本助産学会誌，**20**, 160-161.
坂口幸弘（2011）．遺族を支えるグリーフケア　古内耕太郎・坂口幸弘（編）グリーフケア――見送る人の悲しみを癒す――「ひだまりの会」の軌跡　毎日新聞社　pp.9-50.
若林一美（2000）．セルフヘルプグループの果たす今日的意味について――「ちいさな風の会」（子どもを亡くした親の会）の実践を中心に　日本保健医療行動科学会年報，**15**, 86-94.

第3章

相川充（2003）．愛する人の死、そして癒されるまで――妻に先立たれた心理学者の“悲嘆”と“癒し”　大和出版
秋田光彦（2011）．葬式をしない寺――大阪・應典院の挑戦　新潮社
ベッカー，C.（2002）．死から考える生命　日本哲学史フォーラム（編）日本の哲学　第3号　昭和堂
ゴーラー，G.　宇都宮輝夫（訳）（1986）．死と悲しみの社会学　ヨルダン社
碑文谷創（2003）．死に方を忘れた日本人　大東出版
井藤美由紀（2009）．死別の悲しみとそのかなた　清水哲朗（監修）、岡部健・竹之内裕文（編）どう生きどう死ぬか　弓箭書院　pp.205-226.
Klass, D.（1996）. Grief in an Eastern Culture: Japanese Ancestor Worship. K. Dennis, P.R. Silverman, & S.L. Nickman（Eds.）, *Continuing BONDS: New Understanding of Grief.* Routledge.
小西聖子（1997）．犯罪被害者サポートにおけるトラウマへの対応　デーケン，A・柳田邦男（編）〈突然の死〉とグリーフケア　春秋社　pp.62-63.
森田敬史（2008）．遺族支援における仏教僧侶の役割と死生観　仏教看護・ビハーラ学会（編）仏教看護・ビハーラ　第2号　pp.98-101.

中筋由紀子（2010）．葬儀とお墓の現代的変容　清水哲朗・島薗進（編）ケア従事者のための死生学　ヌーヴェルヒロカワ

小此木啓吾（1979）．対象喪失――悲しむということ　中公新書

大松好子（2000）．死をめぐる共同体――葬送を通して見えてくるもの　ベッカー，カール（編）生と死のケアを考える　法蔵館

大下大圓（2005）．癒し癒されるスピリチュアルケア――医療・福祉・教育に活かす仏教の心　医学書院

大下大圓（2009）．そんなふうにお父さんの事を思っていたの――葬式仏教からの脱皮　ベッカー，カール（編）山本佳世子（訳）愛する者の死とどう向き合うか――悲嘆の癒し　晃洋書房．

坂口幸弘（2005）．グリーフケアの考え方をめぐって　緩和ケア　**15**, p.278.

坂口幸弘（2010）．悲嘆学入門――死別の悲しみを学ぶ　昭和堂

サンダーズ，C. M.　白根美保子（訳）（2000）．死別の悲しみを癒すアドバイスブック　筑摩書房

釈徹宗（2007）．『死者供養』のいま　シリーズ宗教で解く「現代」vol.3 葬送のかたち――死者供養のあり方と先祖を考える　佼成出版社

新谷尚紀（2009）．お葬式――死と慰霊の日本史　吉川弘文館

スミス，R. J.　前山隆（訳）（1983）．現代日本の祖先崇拝（下）御茶の水書房

高橋卓志（2009）．寺よ、変われ　岩波新書．

髙木慶子（2011）．大切な人をなくすということ　PHP

圭室文雄（1999）．葬式と檀家　吉川弘文館

第４章

Begley, S. (2007). *Train Your Mind, Change Your Brain.* New York, NY: Random House.（ベグリー，S.　茂木健一郎（訳）（2010）．『脳』を変える『心』バジリコ）

Leaf, J. (2001). *Making Friends with Death: A Buddhist Guide to Encountering Mortality.* Boston, MA: Shambhala Publications.

Sperry, L. (2001). *Spirituality in Clinical Practice.* Philadelphia, PA: Brunner-Routledge.

Stroebe, M.S., & Schut, H. (2001). Meaning making in the dual process model of coping with bereavement. In R. Neimeyer (Ed.), *Meaning reconstruction and the experience of loss.* Washington DC: American Psychological Association, pp.55-73.（ニーマイヤー，R. A.　富田拓郎・菊池安希子（監訳）（2007）．喪失と悲嘆の心理療法　金剛出版）

Surbone, A., Konishi, T., & Baider, L. (2011). Spiritual Issues in Supportive Cancer Care. In I.N. Olver (Ed.), *The MASCC Textbook of Cancer Supportive Care and Survivorship.* New York, NY: Springer, pp.419-425.

VandeCreek, L., & Burton, L. (Eds.) (2001). Professional Chaplaincy: A White Paper, *The Journal of Pastoral Care,* **55**, 81-97.

Wright, L.M., Watson W.L., & Bell J.M. (1996). *Beliefs: the heart of healing in families and illness.* New York, NY: Basic Books.（ライト，L.M. 杉下知子・真弓尚也（訳）(2002). ビリーフ――家族看護実践の新たなパラダイム　日本看護協会出版会）

藤沢令夫（1993). 世界観と哲学の基本問題　岩波書店

井筒俊彦（1993). 意識の形而上学　岩波書店

小西達也（2011). スピリチュアルケア　石谷邦彦（監修）チームがん医療実践テキスト　先端医学社　pp.339-355.

窪寺俊之（2000). スピリチュアルケア入門　三輪書店

窪寺俊之・伊藤高章・谷山洋三（編）(2010). スピリチュアルケアを語る　第三集　関西学院大学

西尾実・水谷静夫・岩淵悦太郎（編）(2000). 岩波 国語辞典 第六版　岩波書店

清水博（1996). 生命知としての場の論理　中央公論社

氏原寛・成田善弘・東山紘久他（編）(2004). 心理臨床大辞典』改訂版　培風館

第5章

Abraham, K. (1924). Die manisch-depressiven Zustände und die prägenitalen Organsationsstufen der Libido.（アブラハム，K. 細木照敏・飯田真（訳）(1979) 対象喪失ととりいれ 現代のエスプリ 148, pp.57-69)

Binswanger, L. (1956). *Erinnerungen an Sigmund Freud.* A. Francke AG Verlag.（ビンスワンガー，L. 竹内直治・竹内光子（訳）(1969) フロイトへの道――精神分析から現存在分析へ　岩崎学術出版社）

Freud, S. (1917). Trauer und Melancholie. *Internationale Zeitschrift für Psycho-analyse.* **4**, 288-301.（フロイト，S. 伊藤正博（訳）(2010) 喪とメランコリー　フロイト全集 14　岩波書店　pp. 273-293)

広常秀人・小川朝生（2003). 危機介入としてのデブリーフィングは果たして有効か http://www.jstss.org/topic/treatment/treatment_05.html

Horowitz, M.J., Wilner, N., Marmar, C., & Krupnick, J. (1980). Pathological grief and the activation of latent self images. *American Journal of Psychiatry,* **137**, 1157-1162.

Kübler-Ross, E. (1969). *On Death and Dying.* Macmillian Copany.（キューブラー・ロス　川口正吉（訳）(1971) 死ぬ瞬間――死にゆく人々との対話　読売新聞社）

Lawrence, C. (2004). Keywords in the history of medicine Clinic. *The Lancet,* **363**, 1483.

参考・引用文献

Lindemann, E. (1944). Symptomatology and Management of Acute Grief. *American Journal of Psychiatry,* **101**, 141-148.（リンデマン，E. 桑原治雄（訳）(1999) 急性悲嘆の徴候とその管理　社會問題研究 49(1), 217-234

Neimeyer, R.A.(Ed.)(2001). *Meaning Reconstruction and Experience of Loss.* American Psychological Association.（ニーマイヤー，R.A. 富田拓郎・菊池安希子（監訳）(2007). 喪失と悲嘆の心理療法――構成主義による意味の探求　金剛出版）

Neimeyer, R.A. (2002). *Lessons of Loss: A Guide to Coping.*（ニーマイヤー，R.A. 鈴木剛子（訳）(2006).〈大切なもの〉を失ったあなたに――喪失をのりこえるガイド　春秋社）

Parkes, C.M. (1972). *Bereavement.* The Tavistock Institute of Human Relations.（パークス，C.M. 桑原治雄・三野善央・曽根維石（訳）(1993) 死別――遺された人たちを支えるために　メディカ出版）

Parkes, C.M. (2006). *Love and Loss: The roots of grief and its complications.* NY: Routledge.

Parkes, C.M., & Weiss, R.S. (1983). *Recovery from Bereavement.* Basic Books.（パークス，C.M., ワイス，R.S. 池辺明子（訳）(1987) 死別からの恢復――遺された人の心理学　図書出版社）

鷲田清一・田中毎実・鳥光美緒子（提案者）(2004). 臨床的人間形成論の構築．教育哲学会第 47 回大会プログラム　http://wwwsoc.nii.ac.jp/jspe4/47Program(1-2).html

Sanders, C.M. (1992). *Survivng Grief…: And Leaning to Live Again.* John Wiley & Sons, Inc.（サンダーズ，C.M. 白根美保子（訳）(2000). 死別の悲しみを癒すアドバイスブック――家族を亡くしたあなたに　筑摩書房）

Shear, K. (2006). Complicated Grief therapy Workshop TOKYO 資料

Stroebe, M.S., & Schut, H. (1999). The dud process model of coping with bereavement: Rationale and description. *Death Studies,* **23**, 97-224.

Stroebe, M.S., & Schut, H. (2005). Complicated grief: A conceptual analysis of the field. *Omega,* **52**, 53-70.

Worden, J.W. (2008). *Grief Couseling and Grief Therapy: A Handbook for the Mental Health Practitioner.* Fourth Edition. New York, NY: Springer Publishing Company.（ウォーデン，J.W. 山本力（監訳）(2011). 悲嘆カウンセリング――臨床実践ハンドブック　誠信書房）

山本力 (1994). 展望　欧米における「喪失と分離、悲嘆」理論の展開――保健福祉領域における心理学的貢献の可能性　岡山県立大学保健福祉学部紀要　**1**, 1-10.

山本力 (1996). 死別と悲哀の概念と臨床　岡山県立大学保健福祉学部紀要　**3**, 5-13.

山本力 (2008). Neimeyer による喪失論のニューウェーブ　心理・教育臨床の実践研究　**7**, 37-44.

横山恭子（2005）．境界状態と死　上里一郎（監）織田尚生（編）『ボーダーラインの人々――多様化する心の病』 ゆまに書房　pp.307-321.

横山恭子（2006）．白血病の子どもと家族への支援　小児看護　**29**, 1616-1620.

第6章

Archer, J. (2008). Theories of grief: Past, present,and future perspective. In M.S. Stroebe, R.O. Hansson, H. Schut, & W. Stroebe (Eds.), *Handbook of bereavement research and practice: advances in theory and intervention*. Washington, DC: American Psychological Association. pp.45-65.

Bonanno, G., & Kaltman, S. (1999). Toward an integrative perspective on bereavement. *Psychological Bulletin,* **125**, 760-776.

Doka, K. (2008). Disenfranchised grief in historical and cultural perspective. In M.S. Stroebe, R.O. Hansson, H. Schut, & W. Stroebe (Eds.), *Handbook of bereavement research and practice: advances in theory and intervention*. Washington, DC: American Psychological Association. pp.223-240.

Field, N.P., & Wogrin, C. (2011). The changing bond in therapy for unresolves loss: An attachment theory perspective. In R.A. Neimeyer, H. Winokuer, D. Harris, & G. Thornton (Eds.), *Grief and Bereavement in Contemporary Society*. New York: Routledge. pp.37-46.

Gillies, J., & Neimeyer, R.A. (2006). Loss,grief,and the search for significance: Toward a model of making reconstruction in bereavement. *Journal of Constructivist Psychology,* **19**, 31-65.

Jeffreys, J.S. (2011). *Helping grieving people: when tears are not enough: a handbook for care providers*. 2nd ed. New York: Routledge.

金子絵里乃（2010）. 死別ケア研究の歴史的系譜　緩和ケア　**20**, 375-378.

川島大輔（2008）. 意味再構成理論の現状と課題――死別による悲嘆における意味の探求　心理学評論　**51**, 485-499.

Klass, D. (2001). The inner representation of the dead child in the psychic and social narratives of bereaved parents. In R.A. Neimeyer (Ed.), *Meaning reconstruction and the experience of loss*. Washington, DC: American Psychological Association. pp.77-94.（富田拓郎・菊池安希子（監訳）（2007）. 喪失と悲嘆の心理療法　金剛出版．pp.85-103）

Klass, D., & Chow, A.Y.M. (2011). Culture and ethnicity in experiencing, policing, and handling grief. In R.A. Neimeyer, H. Winokuer, D. Harris, & G. Thornton, (Eds.), *Grief and Bereavement in Contemporary Society*. New York: Routledge.

Klass, D., Silverman, P., & Nickman, S. (1996). *Continuing bonds: New understandings of grief*. Washington, DC: American Psychological Association.

Lazarus, R.S. & Folkman, S. (1984). *Stress, appraisal,and coping*. New York: Springer Publishing Company. (ラザルス, リチャード・S・フォルクマン, スーザン 本明寛・春木豊・織田正美 (監訳) (1991). ストレスの心理学　実務教育出版)

Nadeau, J.W. (2008). Mean-making in bereaved families: Assesment, intervention, and future research. In M.S. Stroebe, R.O. Hansson, H. Schut, & W. Stroebe (Eds.), *Handbook of bereavement research and practice: advances in theory and intervention*. Washington, DC: American Psychological Association. pp.511-530.

Neimeyer, R.A. (2000a). *Lesson of loss: A guide of coping*. Keystone Heights, FL: PsychoEducational Resources. (鈴木剛子 (訳) (2006). 〈大切なもの〉を失ったあなたに――喪失をのりこえるガイド　春秋社)

Neimeyer, R.A. (2000b). Searching for the meaning of meaning: Grief therapy and the process of reconstruction. *Death Studies*, **24**, 541-558.

Neimeyer, R.A.(Ed.) (2001). *Meaning reconstruction and the experience of loss*. Washington, DC: American Psychological Association. (富田拓郎・菊池安希子 (監訳) (2007). 喪失と悲嘆の心理療法　金剛出版)

Neimeyer, R.A., & Sands, D.C. (2011). Meaning reconstruction in bereavement from principles to practice. In R.A. Neimeyer, H. Winokuer, D. Harris, & G. Thornton (Eds.), *Grief and Bereavement in Contemporary Society*. New York: Routledge. pp.9-22.

Malkinson, R. (2007). *Cognitive grief therapy: Constructing a rational meaning to life following loss*. New York: W.W. Norton & Company.

Parkes, C.M. (2011). Introduction: The Historical Landscape of Loss: Development of Bereavement Studies. In R.A. Neimeyer, H. Winokuer, D. Harris, & G. Thornton(Eds.), *Grief and Bereavement in Contemporary Society*. New York: Routledge. pp.1-8.

Rosenblatt, P.C. (2008). Grief across cultures: A review and research agenda. In M. S. Stroebe, R.O. Hansson, H. Schut, & W. Stroebe(Eds.), *Handbook of bereavement research and practice: advances in theory and intervention*. Washington, DC: American Psychological Association. pp.207-240.

Rubin, S.S. (1981). A two-track model of bereavement: Theory and application in research. *American Journal of Orthopsychiatry*, **51**, 101-109.

Rubin, S.S. (1999). The two-track model of bereavement: overview, retrospect, and prospect. *Death Studies*, **23**, 681-714.

Rubin, S.S., Malkinson, R., Koren, D., Goffer-Shnarch, M., & Michaeli, E. (2009). The two-track model of bereavement questionnaire(TTBQ): Development and validation of a relational measure. *Death Studies*, **33**, 305-333.

Rubin, S.S., Malkinson,R., & Witztum, E. (2011). The two-track model of bereavement: The double helix of research and clinical practice. In R.A. Neimeyer, H.

Winokuer, D. Harris, & G. Thornton (Eds.), *Grief and Bereavement in Contemporary Society*. New York: Routledge. pp.47-56.

坂口幸弘 (2010a). 死別ケアに関する用語の整理 緩和ケア 20, 334-337.

坂口幸弘 (2010b). 悲嘆学入門――死別の悲しみを学ぶ 昭和堂

Schut, H., Stroebe, M.S., van den Bout, J., & Terheggen, M. (2001). The efficacy of bereavement interventions: Determining who benefits. In M.S. Stroebe, R.O. Hansson, W. Stroebe, & H. Schut (Eds.), *Handbook of bereavement research: Consequences, coping, and care*. Washington, DC: American Psychological Association. pp.705-737.

Stroebe, M.S. (1992-1993). Coping with bereavement: A review of the grief work hypothesis. *Omega: The Journal of Death and Dying*, **26**, 19-42.

Stroebe, M.S., Hansson, R.O., Schut, H., & Stroebe, W. (2008). Bereavement research: Contemporary perspectives. In M.S. Stroebe, R.O. Hansson, H. Schut, & W. Stroebe (Eds.), *Handbook of bereavement research and practice: advances in theory and intervention*. Washington, DC: American Psychological Association. pp.3-25.

Stroebe, M.S., Hansson, R.O., Schut, H., & Stroebe, W. (2008). Bereavement research : 21st-century prospects. In M.S. Stroebe, R.O. Hansson, H. Schut, & W. Stroebe, (Eds.), *Handbook of bereavement research and practice: advances in theory and intervention*. Washington, DC: American Psychological Association. pp.577-603.

Stroebe, M.S., Hansson, R.O., Stroebe, W., & Schut, H. (2001). Introduction: Concepts and issues in contemporary research on bereavement. In M.S. Stroebe, R.O., Hansson, W. Stroebe, & H. Schut (Eds.), *Handbook of bereavement research: Consequences, coping, and care*. Washington, DC: American Psychological Association. pp.3-22.

Stroebe, M.S., & Schut, H. (1999). The dual process model of coping with bereavement: Rationale and description. *Death Studies*, **23**, 197-224.

Stroebe, M.S., & Schut, H. (2001a). Meaning making in the dual process model of coping with bereavement. In R.A. Neimeyer (Ed.), *Meaning reconstruction and the experience of loss*. Washington, DC: American Psychological Association. pp.55-73. (富田拓郎・菊池安希子 (監訳) (2007) 喪失と悲嘆の心理療法 金剛出版 pp.68-82.)

Stroebe, M.S., & Schut, H. (2001b). Models of coping with bereavement: A review. In M.S. Stroebe, R.O. Hansson, W. Stroebe & H. Schut (Eds.), *Handbook of bereavement research: Consequences, coping, and care*. Washington, DC: American Psychological Association. pp.375-403.

Stroebe, M.S., & Schut, H. (2005). To continue or relinquish bonds: A review of consequences for the bereaved. *Death Studies*, **29**, 477-494.

Stroebe, M.S., & Stroebe, W.(1991). Does "grief work" work? *Journal of Consulting and Clinical Psychology,* **59**, 479-482.

Worden, J.W. (2009). *Grief Counseling and Grief Therapy: A Handbook for the Mental Health Practitioner.* 4th ed. New York: Springer Publishing Company.

Worden, J.W. & Winokuer, H.R. (2011). A task-based approach for counseling the bereaved. In R.A. Neimeyer, H. Winokuer, D. Harris & G. Thornton(Eds.), *Grief and Bereavement in Contemporary Society.* New York: Routledge. pp.57-68.

Wortman, C.B., & Silver, R.C. (1989). The myths of coping with loss. *Journal of Consulting and Clinical Psychology,* **57**, 349-357.

第７章

ニーメヤー，R.　鈴木剛子（訳）(2006).〈大切なもの〉を失ったあなたに　春秋社

グリーフケア入門
悲嘆のさなかにある人を支える

2012年4月15日　第1版第1刷発行
2025年8月20日　第1版第9刷発行

編　著　髙木慶子

制作協力　上智大学
グリーフケア研究所

発行者　井村寿人

発行所　株式会社　勁《けい》草《そう》書房

112-0005　東京都文京区水道2-1-1　振替　00150-2-175253
（編集）電話　03-3815-5277／FAX　03-3814-6968
（営業）電話　03-3814-6861／FAX　03-3814-6854
本文組版 プログレス・三秀舎・松岳社

ISBN978-4-326-29900-3　Printed in Japan

著者	書名	判型	価格
森田敬史・打本弘祐・山本佳世子 編著	宗教者は病院で何ができるのか 非信者へのケアの諸相	A5判	二九七〇円
井口真紀子	関わりつづける医療 多層化する在宅医療の死生観と責任感覚	A5判	四一八〇円
田中美穂・児玉聡	終の選択 終末期医療を考える	A5判	三五二〇円
平山　亮	介護する息子たち 男性性の死角とケアのジェンダー分析	四六判	二七五〇円
副田あけみ・菅野花恵	介護職・相談援助職への暴力とハラスメント	A5判	三〇八〇円
臨床死生学テキスト編集委員会 編著	テキスト臨床死生学 日常生活における「生と死」の向き合い方	B5判	二六四〇円
全国赤十字臨床心理技術者の会編	総合病院の心理臨床 赤十字の実践	B5判	三〇八〇円
ホワイト著／藤井・石井ほか訳	宗教認知科学入門 進化・脳・認知・文化をつなぐ	A5判	五二八〇円
コールほか著／山口・河野監訳	見えない微笑み 表情を失って生きること	A5判	四九五〇円
子安増生編著	アカデミックナビ 心理学	A5判	二九七〇円
バー著／横澤一彦訳	マインドワンダリング さまよう心が育む創造性	四六判	三六三〇円

＊表示価格は二〇二五年八月現在。消費税（一〇％）を含みます。